数字化体能训练

卢风云 娄 铮 王 鑫 主编

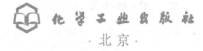

化学工业出版社

·北京·

内容简介

《数字化体能训练》深入探讨了数字化体能训练理论与实践，旨在为读者提供一套全面、系统、科学的数字化体能训练知识体系。全书共六章，涵盖了数字化体能训练的基本概念、技术应用、监测评估、组织管理，以及运动损伤的预防和康复等内容。本书强调了数字化训练在提高效率、精准训练和科学评估上的优势，并结合了运动生理学、生物力学和心理学等理论基础。此外，书中还讨论了如何组建和管理训练团队，制订和执行训练计划，以及配置和优化训练资源。

本书可供体育科研人员、教练员、运动员、体育管理者以及对数字化体能训练感兴趣的公众参考阅读。

图书在版编目（CIP）数据

数字化体能训练 / 卢风云，娄铮，王鑫主编．
北京：化学工业出版社，2025. 2. -- ISBN 978-7-122
-46879-6

Ⅰ. G808.14

中国国家版本馆 CIP 数据核字第 2025NZ1450 号

责任编辑：林　媛　窦　臻　　　　　装帧设计：张　辉
责任校对：宋　玮

出版发行：化学工业出版社
　　　　　（北京市东城区青年湖南街 13 号　邮政编码 100011）
印　　装：北京科印技术咨询服务有限公司数码印刷分部
710mm×1000mm　1/16　印张 13　字数 182 千字
2025 年 2 月北京第 1 版第 1 次印刷

购书咨询：010-64518888　　　　　售后服务：010-64518899
网　　址：http://www.cip.com.cn
凡购买本书，如有缺损质量问题，本社销售中心负责调换。

定　　价：48.00 元　　　　　　　　　版权所有　违者必究

前 言

PREFACE

数字化体能训练

在科技飞速发展的今天，数字化技术正逐步渗透到我们生活的方方面面，体育训练领域也不例外。随着大数据、云计算、物联网以及人工智能等技术的不断革新，数字化体能训练已经成为提升运动员体能、优化训练策略、预防运动损伤的重要工具。《数字化体能训练》旨在为读者提供一套全面、实用且前沿的数字化体能训练知识体系，帮助读者深入理解数字化技术在体能训练中的应用，掌握数字化体能训练的核心原理和实践方法。

党的二十大报告指出，把保障人民健康放在优先发展的战略位置，完善人民健康促进政策。本书以党的二十大精神为指引，以国家的法律、法规和相关文件规定为依据，通过理论联系实际，在总结历史和现实体育教学的基础上，吸取国内外高等院校的学生体育教育研究成果和体能训练的有关资料撰写而成。力求保持内容的时效性和准确性，紧跟数字化体能训练领域的最新动态和前沿技术。同时，我们也注重语言的通俗易懂和逻辑的清晰严谨，旨在让每一位读者都能够轻松理解并掌握数字化体能训练的相关知识。

本书内容涵盖数字化体能训练的基本概念、理论基础、技术手段、监测评估、组织管理以及运动损伤与康复等多个方面。注重理论与实践的结合，不仅详细介绍了数字化体能训练的基本原理和理论框架，还通过丰富的实际案例和操作方法，展示了数字化技术在体能训练以及损伤康复中的具体应用和效果。

本书由卢风云、娄铮、王鑫担任主编。具体编写分工如下：卢风云编写第二章第一节，第三章第四节；娄铮编写第五章；王鑫编写第三章第一至第二节；吴金豹编写第四章第一至第二节；孙立全编写第一章第二节，第二章第二至第六节，第三章第三节，第四章第三至第五节，第六章第一节；刘浩编写第一章第一节；夏秋阳编写第六章第二节。全书由娄铮、王鑫校对，卢风云统稿并定稿。

希望本书能帮助读者全面提升对数字化体能训练的认识和理解，掌握数字化体能训练的核心技能和实践方法。无论是对于希望提升个人体能水平的普通读者，还是对于致力于推动体育科技发展的专业人士，本书都将是一份宝贵的资料。

由于编写水平有限，书中难免存在不妥之处，恳请读者给予批评指正。

编　者
2025 年 1 月

目 录

CONTENTS

数字化体能训练

第一章　数字化体能训练概述　　001

　　第一节　数字化体能训练相关基本概念　　001
　　　　一、体能　　001
　　　　二、数字化　　005
　　　　三、数字化体育　　008
　　　　四、数字化体能训练　　014
　　第二节　数字化体能训练发展趋势　　016
　　　　一、数字化的发展历程　　016
　　　　二、我国体能训练发展历程　　018
　　　　三、数字化体能训练的应用　　024

第二章　数字化体能训练理论指导　　029

　　第一节　数字化体能训练分类　　029
　　　　一、数字化一般体能训练　　030
　　　　二、数字化专项体能训练　　032

第二节　数字化体能训练特点　036

一、数据驱动　036

二、实时交互　037

三、动态反馈　039

四、精准供给　041

第三节　数字化体能训练内容　042

一、引入数字技术　042

二、定制训练计划　043

三、优化训练方式　043

四、完善评估体系　044

五、建立管理系统　044

六、实施远程指导　045

第四节　数字化体能训练方法　045

一、数字化力量训练方法　046

二、数字化速度训练方法　049

三、数字化耐力训练方法　050

第五节　数字化体能训练原则　052

一、区别对待原则　052

二、一般训练和专项训练原则　053

三、系统训练原则　055

四、适宜负荷原则　056

第六节　数字化体能训练要求　058

一、科学制订训练计划　058

二、选择针对性的训练方法　058

三、进行实时监控评价　059

四、积极进行放松恢复　059

第三章　数字化体能训练技术手段　061

第一节　大数据技术　061
一、什么是大数据技术　061
二、大数据技术中的前沿热点　065
三、大数据技术在体育训练中的应用　066

第二节　虚拟现实技术　073
一、什么是虚拟现实技术　073
二、虚拟现实技术中的热点　075
三、虚拟现实技术在体能训练中的应用　077

第三节　人工智能技术　081
一、什么是人工智能　081
二、人工智能的重要领域　083
三、人工智能在体能训练中的应用　086

第四节　其他数字化技术　094
一、物联网技术　094
二、仿生技术　099

第四章　数字化体能训练监测评估　103

第一节　生理生化指标监测　103
一、数字化运动生理生化指标监测的重要性　104
二、数字化运动生理生化指标监测的应用　104
三、体能训练监测中常用的生理生化指标　105
四、生理生化指标在不同运动项目中的应用　107
五、生理生化指标评定的注意事项　108

第二节　数字化体质测试 　110

一、我国学生体质测试概况 　111

二、大学生健康管理系统构建的基本思路 　112

三、健康管理系统构建的数字化应用 　114

第三节　数字化体态与动作评估 　115

一、体态评估方法 　116

二、体态纠正训练 　118

三、数字化动作评估 　119

第四节　数字化体能测试与评估 　122

一、基础体能测试中的数字化 　123

二、基于运动项目的体能测试数字化 　125

第五节　数字化运动心理测试与评估 　126

一、心理测试技术中的数字化融合 　127

二、认知神经科学中的数字化融合 　128

三、数字化可穿戴设备 　131

四、对心理测试数字化融合未来发展的思考 　134

第五章　数字化体能训练组织管理 　135

第一节　数字化体能训练数据管理 　135

一、数字化体能训练数据管理意义和作用 　135

二、数字化体能训练数据管理分类 　138

三、体能训练数据分项管理 　147

第二节　数字化体能训练科学研究管理 　150

一、科研与管理数字化体能训练的重要性 　151

二、体育科研数字化教学中存在的几个问题 　152

第三节　数字化体能训练考核与评估管理　153

一、考核标准数字化管理　153

二、考评末端数据数字化管理　155

三、考核过程数字化管理　155

四、数字化体能训练考核一体化管理　156

第六章　数字化体能训练运动损伤与康复　157

第一节　数字化体能训练运动损伤与康复概述　157

一、运动损伤概述　157

二、数字化康复概述　159

第二节　数字化体能训练运动损伤预防　170

一、挫伤　170

二、肌肉拉伤　174

三、关节韧带损伤　176

四、踝关节韧带损伤　179

五、膝关节损伤　183

六、肘关节韧带损伤　187

七、滑囊炎　190

八、腱鞘炎　194

数字化体能训练

数字化体能训练概述

第一节　数字化体能训练相关基本概念

　　概念是反映事物本质属性和范围的思维形式，是进行判断、推理和论证的逻辑起点。吴泓缈、冯学俊在《论主、谓二分中的辩证逻辑》一文中称："概念无疑是形式，但必须认为是无限的有创造性的形式，它包含一切充实的内容在自身内，并能够同时又不为内容所限制或束缚。"❶数字化体能训练是研究数字化体能问题的综合性课题，并且是抽象的概念，如不能清晰地勾勒出其所包含的基本概念，那么在认识其内在规律、研究其应用过程中将举步维艰。

一、体能

　　在研究数字化体能训练之前，首先要明白"体能"一词。体能最早出现在 20 世纪 50 年代美国健康体育娱乐协会，随着人们对体能的不断理解和认知，其被定义为：人在工作时表现积极、愉悦而不感到乏味，同时还有精力去从事个人所爱好的休闲活动，以及能够处置应付突发状况的能力。国内出现体能一词是在 1984 年，由上海辞书出版社出版的《体育词典》中将体能解释为：

---

❶ 吴泓缈，冯学俊. 论主、谓二分中的辩证逻辑 [J]. 人文论丛，2003：230-244.

"体能是由人体在体育运动中所表现出来的力量、速度、耐力、柔韧以及灵敏等身体素质,与人体的走、跳、跑、攀登、投掷、爬越等基本活动能力两部分构成。"[1]从这一经典概念中,可以得出两个结论:① 对于体能的理解基本上主要集中于身体素质方面;② 对于体能的训练实际上就是对身体素质的训练。除此之外,在 1990 年以前的教材中基本不使用"体能"一词,而是以"身体素质"这一概念表达其内涵,与之相对应的训练内容也被称作"身体素质训练"。1996 年版的全国体育院校通用教材《体育理论》认为:体能只是人体体质的组成部分,是指人体各器官系统机能在肌肉活动中表现出来的综合活力。到 1998 年,"体能"一词在《项群训练理论》中同样出现,并将运动员的竞技能力分为技能、体能、心理、智力四个方面。2000 年出版的《运动训练学》对运动员的体能做了比较详细的论述。运动员的体能是运动员机体的基本运动能力和竞技能力的重要组成部分,其发展水平是由身体形态、身体机能及运动素质所决定。[2]田麦久主编的 2017 年版《运动训练学》将体能定义为:"以人体三大供能系统的能量代谢活动为基础,通过骨骼肌系统表现出来的基本运动能力,是运动员竞技能力的重要构成因素。"[3]可见,体能在运动训练学中就是指运动员身体的基本运动能力。随着体能的不断发展和呈现出来的重要性,学术界众多学者纷纷就体能的内涵与机理阐述了自己的观点,这对于更好地了解体能提供了便利条件。赵志英等(1999 年)对体能的研究认为,体能是"运动员在专项训练和比赛负荷下,最大限度动员有机体机能能力时对抗疲劳的能力。从某种程度上理解,这种能力就是专项耐力,或者也可以称之为持续从事专项工作的能力。"[4]田麦久等(2000 年)认为,"运动员体能是指运动员机体的基本运动能力,是运动员竞技能力的重要组成部分,运动员的体能发展水平是由身体形态、身体机能及运动素质的发展状况所决定的。"[5]李之文(2001

[1] 体育词典 [M]. 上海:上海辞书出版社,1984.

[2] 潘志国. 基于力量主导的国家女篮体能训练研究 [D]. 北京:北京体育大学,2015.

[3] 田麦久. 运动训练学 [M].2 版. 北京:高等教育出版社,2017.

[4] 赵志英,郑晓鸿. 对"体能"的探析 [J]. 北京体育师范学院学报,1999(01):44-46.

[5] 田麦久. 运动训练学 [M]. 北京:人民体育出版社,2000.

年）则在《体能概念探讨》一文中提出，"体能是经过身体训练获得的人体各
器官系统的机能在肌肉活动中表现出来的能力，它包括身体形态的适应性变
化和力量、速度、灵敏、耐力及柔韧等身体素质。"❶袁运平（2002 年）认为，
"体能是指人体通过先天遗传和后天训练获得的在形态结构、功能与调节方面
及其在物质能量的储存与转移方面所具有的潜在能力以及与外界环境结合所表
现出来的综合运动能力。其大小是由机体形态结构，系统器官的机能水平，能
量的物质储备与基础代谢水平及外界环境等条件决定的。"❷王兴等（2003 年）
认为，"广义的体能是指人们进行日常生活所必须具备的相应的基本生活能力。
狭义的体能是指人们进行各项体育运动而相应具有的跑、爬、攀、蹬等竞技能
力。"❸陈有源（2005 年）认为，"运动员的体能或身体能力就是运动能力，任
何肢体运动都可以表现出启动快慢等 10 种运动能力，但有项目特点。运动能
力取决于机能能力。"❹

　　体能的内容由生理能力和心理能力构成，生理能力分为运动能力和非运
动能力，心理能力是指心理调适与控制能力。运动能力是由力量能力、速度能
力、耐力能力、柔韧能力、灵敏能力和协调能力构成。非运动能力主要指环境
适应能力。

1. 生理能力

　　（1）力量能力：人体维持一切日常生活生产活动和体育运动的素质基础，
为人类身体素质的重要内容之一。肌肉的力量测试方法总体上可分为两种：一
种以测定肌肉最大力量为主，测定肌肉一次用力收缩时所能产生的最大力量为
标定值；另一种以测定肌肉的力量耐力为主，测定肌肉在极限负荷下，能够重
复收缩的次数或能够持续的时间为考量。

---

❶ 李之文. 体能概念探讨 [J]. 解放军体育学院学报，2001（03）：1-3.
❷ 袁运平. 我国高水平男子百米跑运动员体能训练理论体系的研究 [D]. 北京：北京体育大
　 学，2002.
❸ 王兴，司虎克. 体能训练理论与实践科学化探索 [J]. 中国体育教练员，2003（01）：8-10.
❹ 陈有源. 体能概念辨误与身体训练的内容 [J]. 武汉体育学院学报，2005（12）：72-75.

（2）速度能力：人体快速运动的能力，包括人体快速完成动作的能力和对外界信号刺激快速反应的能力，以及快速位移的能力。速度素质包括反应速度、动作速度和移动速度。反应速度是指人体对各种信号刺激快速应答的能力。动作速度是指人体或人体某一部分快速完成某一动作的能力。移动速度是人体在特定方向位移的速度。其评价包括反应速度的评定、动作速度的评定、移动速度的评定等。

（3）耐力能力：人体长时间运动的能力。按照人体的生理系统分类，耐力素质可以分为肌肉耐力和心血管耐力。肌肉耐力也称为力量耐力，心血管耐力又分为有氧耐力和无氧耐力。有氧耐力是指机体在氧气供应比较充足的情况下，能坚持长时间工作的能力；无氧耐力也叫速度耐力，它是指以无氧代谢为主要功能形式，坚持较长时间工作的能力[1]。不同耐力素质的评定有：有氧耐力的评定及其负荷量度评定；糖酵解无氧代谢能力功能的无氧耐力的评定与训练负荷量度的确定。

（4）柔韧能力：人体关节在不同方向的运动能力以及肌肉、韧带等软组织的伸展能力，可以分为一般柔韧素质和专门柔韧素质。身体的柔韧性素质也是公认为健康体能的要素之一。柔韧性素质与人体关节活动幅度的大小，以及跨过关节的韧带、肌腱、肌肉等的延伸性有关[2]。目前对于柔韧性的评价，虽然可以用各种仪器对关节活动范围进行测量，但是用一些简单易操作的方法对这一素质进行测定和评价所得到的结论，其实用价值有限，往往难以用科学数据加以引申。柔韧性素质测定指标包括评价躯干和下肢柔韧性的体前屈试验，肩关节活动的持棍转肩、双手背勾试验，以及躯干旋转活动性的臂夹棍转体试验等等。

（5）灵敏能力：在各种突发条件的变换下，身体能够迅速、准确、有效、协调地改变身体的空间位置和运动方向，以适应外部环境的突然变化的能

[1] 曹玉琪.四川省U15女子青年篮球队身体素质训练现状的调查研究 [D].成都：成都体育学院，2015.

[2] 钮薇.健身秧歌对大学生健康体适能影响的研究——以吉林体育学院运动人体科学专业大学生为例 [J].科技资讯，2014，12（10）：206-207.

力[1]。灵敏素质可分为一般灵敏素质和专门灵敏素质两类。测试灵敏素质的方法有：在跑、跳中迅速做出的各种动作、各种调整身体方位的练习、专门设计的各种复杂多变的练习、各种改变方向的追逐性游戏中对信号做出复杂应对。

（6）协调能力：人体在运动中，身体各器官系统、各运动部位配合一致，完成动作的能力。它不是一种单纯的运动素质，与运动员各器官的功能、运动素质、心理品质和个性特征以及技能储备等联系密切，是各种能力的综合表现。在运动学领域，协调性被认为是机体运动两三种运动形式完成一个特定的运动目的的能力。协调性包括一系列复杂的活动，简单地说，这些活动包括感官对输入产生反应，然后从所学的技能中处理并选择适当的运动程序，最后执行动作。

（7）环境适应能力：运动仅仅是让人体各器官机能发生变化的刺激因素之一。人体不运动时，外部环境也能使身体器官的机能发生变化。如当人们乘坐船、车、飞机等工具时，处于缺氧、失重、超重等情况时，环境变换、工作和生活环境变化时，身体机能都会发生不同程度的变化。人体在乘坐汽车时会感到恶心想吐，特别是遇到颠簸路段的时候，不过随着乘坐次数的增多，眩晕感和呕吐感就会减弱一些，身体也就逐渐适应了这种环境，具备了抗晕能力。

2. 心理能力

心理能力主要指心理调适与控制能力。体能是人体在大脑控制下肌肉的活动能力，可以看出心理素质是体能的重要组成部分。体能作为一个开放的系统，必然考虑外界因素对体能的影响，而这种外部影响通常包括对生理和心理的影响。

二、数字化

《中华人民共和国国民经济和社会发展第十四个五年规划和 2035 年远景

---

[1] 张帆. 解放军信息工程大学"渡海登岛"400 米障碍项目体能训练方法对比研究 [D]. 北京：北京体育大学，2006.

目标纲要》提出了"十四五"社会发展主要指标，其中明确提出"迎接数字时代，激活数据要素潜能，推进网络强国建设，加快建设数字经济、数字社会、数字政府，以数字化转型整体驱动生产方式、生活方式和治理方式变革"。同时，为全面贯彻落实《健康中国行动（2019—2030年）》《国务院关于实施健康中国行动的意见》文件的重要精神和有关要求，主动对接"健康中国""体育强国"等国家战略的推进，体育行业数字化转型是大势所趋，应积极促进数字技术与体育训练的深度融合，快速推动传统体育产业的转型，催生体育行业新业态、新模式的涌现，赋能健康中国高质量的发展。

早在20世纪40年代，美国信息论的创始人Claude Elwood Shannon（克劳德·艾尔伍德·香农）证明了采样定理，为数字化奠定了重要的技术基础。"数字"，是英文"digit"的中文翻译。该词语最早出现于美国MIT媒体实验室主席Nicholas Negroponte于1995年出版的 Being Digital（中文译名《数字化生存》）中。在这本书里，"digital"被译为"数字化"，并被媒体普遍认可，得以广泛传播。所谓"数字化"，是将许多复杂多变的信息转变为可以度量的数字，再用这些数字建立起适当的数字化模型，进而转变为一系列二进制代码，引入到计算机内部进行统一处理；或是在计算机中输入连续变化的图画线条或声音信号，用模数转换器转化成为一串分离单元，并通过0和1进行表示，成为数字化的基本过程。数字化也因此成为数字计算机、多媒体技术、软件技术、智能技术和信息社会的技术基础[1]。而如今数字化已经远远地超过了0和1的比特组合，已不再是一种直观的、静态的符号意义。确切地说，数字化就是对通信和信息网络运用数据符号，即以组合的比特数据通过计算机自动的符号处理，把信息、文字、图像等作为自己的形式，进行信息交流的概括。

亢世勇、刘海润主编的《现代汉语新词语词典》中对数字化的解释为："各方面都利用数字信息处理的方法称为数字化。"[2]沈孟璎编著的《新中国60年新词新语词典》中对数字化的释义为："把各种类的信息都转化为计算机可

---

[1] 高颖博.论我国数字化体育的发展研究[D].大连：辽宁师范大学，2015.

[2] 亢世勇，刘海润.现代汉语新词语词典[M].上海：上海辞书出版社，2009.

以识别的数字信号，信息的种类有很多，包括文字信息、图像信息、声音信息等。"❶金炳华、余源培等人主编的《马克思主义哲学大辞典》中对其的释义为以下两个方面："一、数字化生存在我们的生存中可以决定我们的生存问题，而不只是在计算机中的运用，随着互联网革命的发生，人类所处的社会环境中充满了越来越多的数字化信息，因而人们在将来会生活在一个全数字化的世界。二、数字化生存的到来对人们有很大的影响，在我们生活的方方面面都向着数字化的方向改变，数字化生存的到来在影响到我们的生活的同时，国家和民族的生存观念也发生了巨大的改变。"❷刘敏、方如康主编的《现代地理科学词典》中的数字化是指使用数字化信息转换的标准，用不同的数字形式表达不同的汉字、符号、图片的转换方法，这种转换方法就是字符数字化，也可以叫作编码；还有一种是资料数字化，资料数字化是指在地图中运用坐标的形式对平面位置进行描述，用数字来标识位置。由于各项科学技术的不断发展，点的位置可以通过数字处理方法来确定，使用多种现代化技术的方法，对需要测量点的坐标进行数据收集定位，然后对数据加工处理。在很多方面都可以将信息转换成数字信号，通过网络通信设备进行传输，如电话、传真、视频等信息都可以转换成数字信号进行传输❸。王世伟、王兴全、李勇主编的《智慧城市辞典》中谈及数字化的重要性，认为数字化的重要性主要体现在各种信息都可采样后生成数字化，对于图片、语音、视频、文字等多种信息都可以生成数字化，这些数字信息都可以被计算机等设备所识别，并进行进一步的处理。现在多媒体的表现形式也是用数字媒体表示的，如传真、电话、视频、电影等，可用这些来描述多样的现实世界❹。尼葛洛庞蒂认为数字化生存实际上使人类有了一个虚拟的、数字化的生存活动空间。数字化生存的本质就是生存、活动于现实社会的人，借助于数字化构造一个真实虚拟的而非想象、虚假的信息传播

❶ 沈孟璎.新中国60年新词新语词典[M].成都：四川出版集团·四川辞书出版社，2009.
❷ 金炳华.马克思主义哲学大辞典[M].上海：上海辞书出版社，2003.
❸ 刘敏，方如康.现代地理科学词典[M].北京：科学出版社，2009.
❹ 王世伟，王兴全，李勇.智慧城市辞典[M].上海：上海辞书出版社，2011.

与交流的平台。数字化生存作为新世纪可供人们选择的一种全新的生存方式、生活方式，将不可避免地会对人类的认识、意识、心理、行为等产生重大的影响。的确，数字化生存通过"数字化信息""数字化语言"及所构筑的虚拟世界，为人类的生存和发展打开一扇新的通往新时代的大门。

如果说通信和交往工具是一个时代的主要标志，那么数字化以其不同于工业时代的电话电报、农业时代的信鸽驿站等通信和交往工具，而引领着人类进入数字化时代。数字化时代意味着通信和信息交流，在时间上"即时""瞬间"地到达地球的另一端，通过数字化人们可以使时光倒流5万年 ❶。

在本书中，数字化的含义是指将海量的、复杂的、变化的信息转换成可量化、可计算的数据，转换成一组二进制代码，然后把二进制编码输入到电脑中，用于统计和分析。数字化不仅包含了文字信息、图像信息和声音信息的数字化，也涵盖视频信息的数字化。数字化的过程就是利用数字化技术把复杂信息转化为数字信号，比如图像、声音、视频等，都可以用数字化技术把它们变成数字信号，然后用电脑进行加工和显示。

三、数字化体育

数字化体育是体育运动、信息科技共同发展下的融合产物。高颖博认为将"数字化"融入到体育中，能够从狭义和广义两个方向认识"数字化体育"的概念。在其博士论文《论我国数字化体育的发展研究》中指出，"从广义上讲，数字化体育是将计算机信息技术与科学体育锻炼内容、方法相结合，产生的全新的身体练习手段，它可以帮助锻炼者达到提高运动技能、增强身体素质、丰富社会闲暇生活和促进精神文明建设的目的；从狭义上讲，数字化体育是传统体育与现代化数字手段结合的相关活动，通过先进的数字化技术，将传统体育锻炼加以改革和升华，实现科学传播体育知识，有效提高身体技能的目的。" ❷综合上述情况，数字化体育是一个新兴的概念，它通过互联网络、通信

---

❶ 张桂芳.数字化技术时代中国人文精神解读 [D].沈阳：东北大学，2007.

❷ 高颖博.论我国数字化体育的发展研究 [D].大连：辽宁师范大学，2015.

技术和计算机等技术手段，将竞技健身、体育锻炼、休闲娱乐与网络游戏进行完美结合，突破了时间、地域和产业上的隔阂，是传统体育向数字化产业转型的巨大成果。

那么何为数字化体育？顾名思义，数字化体育是指利用信息技术管理、开发、体验、传播体育所形成的体育运作形态，它是信息技术与体育相结合的产物❶。数字化体育为体育相关人员在处理体育工作的虚拟空间中的作用和内容提供了很大的支撑，从而促进了体育的发展、普及，让数字演绎的体育运动更加宽广、更加丰富多彩。

1912年在斯德哥尔摩举行的第5届奥林匹克运动会中，首次采用了"数字化体育"技术，举办方为了解决判罚上的争议，使用了电子计时和重点摄像设备。"数字化体育"的思维推动和促进了西方国家体育文化的传播和体育技术的快速发展。如今数字化体育技术已经广泛应用在体育比赛中，比如2018年平昌冬奥会中花滑运动员的技术动作暂留、分解、回放，乒乓球等球类运动测速，网球比赛中"挑战鹰眼"判断是否出界，田径比赛终点冲线摄像机等❷。2016年3月，Oracle公司的Reggie在Forbes Asia上发表文章，宣告体育发展已迈入"数字化"时代，而且"数字技术正在改变世界体育产业"，并总结体育产业数字化的8个趋势，重点包括：第一，真正的大数据，指数据分析技术和物联网技术，这两种技术实现了"物物"间信息交换和从数据中找到衡量和优化策略的办法；第二，VR技术，为用户提供更好的观赛体验；第三，在线体育，所有的运动数据和看点都可以通过网络媒体呈现在用户眼前，在如今数据赋能社会发展的趋势下，体育与数字化的融合正在为体育产业的发展打开一扇全新的大门❸。国家体育总局也不止一次指出要鼓励企业创新发展，利用大数据、云计算、人工智能、5G、区块链等新技术，培育数字体育、在

❶ 彭雪涵.数字体育在体育科学研究中的应用与展望[J].中国体育科技，2008（01）：17-20.

❷ 李晓辰.穿戴式数字化体育辅助训练平台设计与实现[D].大连：大连理工大学，2018.

❸ Reddie Broadford 0.8 Digital Trends Driving The Transformation Of Sports[Z].Forbes Asia，2016.

线健身、线上培训等新业态。由此可见，体育数字化已成为赋能体育产业发展的"跳板"，正成为人们进行体育运动的新潮流。在新的历史时期，体育事业蓬勃发展，信息技术日新月异，两者的结合造就了充满魅力与遐想的数字化体育，也为体育打开了一片崭新的天空。

数字化的体育运动可谓是定义运动的新玩法，运用 AR 体感、互动投影、全息投影、沉浸式空间引入传统体育项目、新的娱乐游戏方式，带动消费者运动兴趣，弱化体育专业性带来的障碍，用运动时尚、科技的外观，满足年轻群体消费升级趋势下的消费选择。与传统的电子竞技与网络游戏相比，数字化体育运动更注重"流汗"的身体动作，利用摄像头、可穿戴式头盔或传感器、动作捕捉系统，实现人与人之间的互动、人与机之间的互动。在"数字化体育"的技术下，几乎任何一种传统的体育运动和休闲活动都能被"解码"或"编码"，比如，搏击运动和篮球运动等两人或多人的对战，不需要身体的碰撞，就能完美地展示出来。从这个角度上讲，数字化体育运动乃是传统电子竞技的升级换代，在文化价值取向和社会批评方面，将发挥更加积极的作用。

在 2022 年北京冬奥会上，有许许多多激烈的赛事和令人激动的夺冠时刻，在体育盛宴的背后，更是一场科技盛宴，数字化、智能化与体育的结合体现在了冬奥会的方方面面，冬奥会带来的盛宴离不开数字化、智能化的作用。开幕式上的 LED 大屏幕，震撼全场，带来一场盛大的视觉盛宴，让观众们大饱眼福的同时，体现出了科技对体育的影响。早在 2008 年的北京奥运会上，就有一张长 147 米、宽 22 米的大型卷型地面画 LED 显示屏。十四年后 LED 技术已经发展成熟，北京冬奥会更是向全世界展现了中国科技的力量。冬奥会上的 360° VR 技术平台，带来了前所未有的观赛体验。VR 头盔达到了轻化、高分辨率显示和高刷新率、低延时，并进行了防晕技术的改进，尽量减轻体验者的不适，使得体验者已经可以较长时间佩戴头盔感受 VR 赛事。VR 技术和 5G 的结合，使得即便不在现场，也可以有身临其境的感官体验，实现了多维度的临场体验感、交互式自由视角，使得赛场的各个角落都一览无余。这项技术的结合不仅大大提高了观众的视觉体验，同时更有利于裁判的高效准确的判罚，让不文明比赛现象无处可藏。冬奥会背后还有 AI 服务发挥作用。冬奥会面向的是全世界的观众，他们来自不同国家，说着不同的语言。AI翻译则打破了语言的界限，使得全世界的奥运健儿和奥运官员都可以欢聚一堂。还有AI手语翻译，使得聋哑人也可以很好地体验这场盛大的奥运赛事，体验冰雪运动的激情和荣耀。另外，为了让各国的运动员有更好的参与体验，还有各式各样的AI机器人服务运动员们的生活起居、一日三餐。除了这些还有很多AI的身影，如冬奥会上的AI无人驾驶、奥运史上首次有5G无人车参与火炬传递、无人接驳、无人零售、无人物流、无人清扫、路车协同等。

1. 数字化体育有利于增加运动空间的多元化需求

数字化体育促进了体育场地多样化的需要。通过对2013年度全国20~69岁年龄段人群进行的健康状况及运动健身情况的调研，可以看出，我国人民健身的观念日渐增强，健身需求与日俱增。然而，目前的公共体育场馆和设施尚不能完全适应市民的需要。根据2015年第六次全国体育场地普查数据，在全国体育场地中，教育系统管理的体育场地66.05万个，占38.98%；场地面积10.56亿平方米，占53.01%。人均体育场地面积仅1.46平方米。对比发达国家来看，美国人均体育场地面积达到16平方米，日本甚至高达19平方米。结果，接近一半的人不得不在广场、马路或林荫大道上进行锻炼，相比之下，在公众场所进行锻炼的人仅占1/5。数码运动的兴起，让人们从运动场所的局限中解脱出来。民众不再需要将运动场地限制在宽敞、多元化的地方，而是要尽量充分地使用社区空地、小广场、马路和公园等已有的运动场地。

比如2006年11月日本一家公司推出的一款数码家庭游戏机，其特色是采用了一种全新的杆式运动控制器，并采用传统运动项目，利用全新的杆式运动控制器的运动感知和定向，检测出3D的旋转，并实现了"体感操作"。而全新的杆式运动控制器则可以用作钓鱼竿、指挥棒、网球拍等多种运动，可作为用来辅助玩家射击、劈砍、甩动的工具，通过旋转等身体感觉动作来达到训练效果。2020年以来，在短视频直播平台大火的健身博主，坚持以直播的方式带动广大运动爱好者在家锻炼，详尽透彻地将动作教给观众，全国各地的人民突破时间与空间的限制，仅需要一张瑜伽垫就可以从热身运动到正式运动，再到运动后的拉伸放松，而直播间人数一度达到两千五百万人次，以此打开全民健身的新世界。这种新兴的运动方式，相较于传统的健身方式，反而更有助于将健身习惯延续下去，这都要得益于数字化体育的延伸。再比如一些运动 App，上面有着许多专业运动爱好者的经验和心得，每一个动作都配有单独的详细解说，可以选择跟着私教实施运动计划，还可以记录自己的运动数据和身体数据。不仅可以让运动者规避一些常见问题从而通过自我学习进行合理运动，而且这种训练方式不限场地和时间，这样即使不能和专业人员面对面一起训练，也可以自己安全地进行数字化体能训练，很大程度上帮助使用者节省金钱和时间，少走许多弯路。除了借助软件实现专业体能训练，还有利用物联网技术和 VR 技术进行合理训练的，例如配合 VR 技术就改变了人们容易受限于场地的情况。相较于传统的体育教学而言，VR 技术为虚拟现实"沉浸式"体验教学提供了可能性。通过 VR 技术，运动者可以不必"亲历"运动现场，只需要带上 VR 设备，就可以"身临其境"地进入运动状态[1]。现今，这种体验在游戏领域中运用最为广泛，但同时也应用在体育训练中，主要集中在攀登、障碍越野、冲浪等难以在室内环境进行训练的体育活动中。当然还有许多这样的软件或者设备同样极大地便利着人们的生活，例如某运动手环实时监测心率、睡眠、夜间呼吸质量以及血氧，让训练更高效、更安全，再如与之相匹配的运动 App，是全球最大的运动健康数据库之一，注册用户非常多，与手环相搭配，实时传输数据进行记录，由此可以将数据进行对比，从而调整计划，并对训练数据进行科学评估。现在市面上广泛流行的智能手环基本上都是依靠联网检测的功能，实现检测使用者运动轨迹、脉搏与心率以及体表温度的作用，这个技术与大数据技术结合起来也是值得使用的训练方法。无疑，摆脱地理环境束缚的数字化体育手段不仅可以提高全民参与体育的热情，扩大现有的体育人口，更重要的是数字化体育可以挣脱地理上的层层束缚，不再受过去体育场所的限制[2]。

[1] 周学希. 数字化体能在运动训练中的应用 [J]. 田径，2021（09）：25-26.

[2] 高颖博. 论我国数字化体育的发展研究 [D]. 大连：辽宁师范大学，2015.

2.数字化体育有利于满足不同人群的运动参与需求

发展数字运动企业，率先抢占中老年、儿童、妇女等特殊人群的电子竞技市场，才能抢占到电子竞技领域的主动权。随着数字化体育的兴起，现代的健身方式和健身活动的内容已进入大众，打破了以往以少年为主的研究缺陷，更能满足不同人群的健身需要。同时，该体系的存在能够为各类体育兴趣人群设置多个训练目标，找到最优的训练计划，从而形成一套系列化、智能化的数字体育服务体系。

通过对老年人、妇女、儿童等群体的运动习惯和运动方式进行深入分析，为每位运动人员提供健身服务。利用局部运算，精确地找到和感受到了不同人群的个性化、非结构化的数据，并对所获得的数据进行综合的分析和处理，为每一支队伍提供了自己的数据，从而找到了更多的真实需要，提供可调整的健身方案，以协助各健身团体达到最佳健身效果。比如某些智能手机，它可以让各种运动人士每天都能准确地记下每天的跑步距离，以及每天的热量，从而制定出一套行之有效的运动调节方案。一些 App 里也会售卖智能手环、体脂秤，软件使用加之手环和体脂秤的记录，这些都可以结合大数据分析技术为个人训练者量身定制符合他们自身条件的运动计划，从而最高效地帮助他们达到运动目的，进行合理有效的训练❶。同时，经过手环与数字化体育终端的连接，还可以使大众更加直观地看到不同参与人群综合运动数据的对比图，辅助大众设置个性化运动目标，督促每个运动者完成专属于自己的运动量。比如初期训练时，运动者会发现运动效果很好，这是因为起点低，上升空间大，但在进入锻炼瓶颈期的时候，训练效果会逐渐减小，单靠运动者自己的估量是难以准确地找出最适合自己的一套方法的，这时数字化的优点就凸显于此。它可以通过大数据的分析，精确计算出运动者的各项体征变化，从而准确、极具针对性地制定下一步最合适的训练计划。一方面，大数据制定的计划可以给运动者带来信心和动力；另一方面，通过大数据为运动者针对性地制定可实时动态变化的智能计划，可以使运动者训练效果最大化，节省时间和精力。

---

❶ 周学希.数字化体能在运动训练中的应用 [J].田径，2021（09）：25-26.

最终，每一个锻炼者的运动方式和锻炼效果都会随时间的推移，而得到科学合理的改善。

3. 数字化体育有利于实现体育发展的全球化需求

数字运动技术是实现体育国际化的一种行之有效的方法，它使得运动的触角遍布世界各地。数字技术的多样性、速度和多维性，既加快了全球运动的发展，又克服了时空上的障碍。全世界参加体育活动的所有信息，都可用数字技术上传到云中，然后进行比较和分析。试想一下，一个国内的球友和一个国外的球友希望知道谁的技术更高，无需受地域与时间的限制，只要将国内球友和国外球友的自身数据上传到云端，在虚拟的世界进行一场酣畅淋漓的比赛，不用面对面便可以判定胜负。全球化环境下，数字化体育技术挣脱了地域与时空的藩篱，使体育信息的交流和传播障碍变得越来越少，使体育信息的流动与实时互换变得越来越多。在全球大环境下，数字化体育将为我们构建一个灵活、多样的虚拟世界，给大众体育生活带来更多前所未有的深度和广度[1]。

四、数字化体能训练

体能训练可以深度挖掘人类运动的潜能，随着数字化科学技术的发展，数字化体能训练已成为可能。随着科技的发展和对训练规律的深刻认识，在体能训练过程中进行数字化监控越来越受到重视，数字化体能训练目前已经成为国际运动科学关注的热点，许多国外运动科学研究人员都在致力于此方面的研究。数字化体能训练是传统体能训练的延伸，是一种训练的理念和具体表现方式，并不能取代传统体能训练的体系、理论和方法[2]。数字化体能训练的主要表现形式是指利用现代技术手段，对运动员体能训练过程进行实时监测，并对其动态监测过程中产生的数据进行记录分析，据此对其进行相应的训练调整。

2016 年里约奥运会前成立的全国首家"数字体训试验室"，把数字化技术

---

[1] 高颖博.论我国数字化体育的发展研究 [D].大连：辽宁师范大学，2015.

[2] 闫琪，廖婷，张雨佳.数字化体能训练的理念、进展与实践 [J].体育科学，2018，38（11）：3-16.

运用到了部分优秀的运动员身上。总的来说，无论在国外还是在国内，这一领域的理论研究都处于萌芽状态。2018年5月在北京举行的"体能大会"指出，我国运动员的身体素质教育正处于蓬勃发展时期，必须对其进行更多的思考与反思，从而促进中国运动员身体素质教育的健康发展；另外，国内外许多著名的体育专业人士就有关体育教学的信息化、智能化等问题展开了深入的探讨。体育教学的数据收集、数据分析、数据反馈是当前体育教学研究的热点问题。

体育教学中的数字化应用并非什么新奇的事情，运动学科的一个重要作用就是将训练的过程用数据进行定量化，并将其归纳成规则。在体育运动中，收集和处理人体动作的资料是任何一种体育运动的重要组成部分。运动生理学与生物化学是量化运动员身体内部载荷的重要研究方向，以达到控制运动员机能状态和疲劳程度的目的；而运动训练学与生物力学则是将运动员在训练中的外部行为进行定量化，以达到对其运动绩效的有效控制。过去，因受器材条件和技术条件的制约，难以实现对运动项目的即时监控，及时地对运动员的培训项目进行实时监控。与之相比，循环运动具有更大的规律和更易于实施的监测，比如通过心率计可以精确地监测运动员的运动负载；通过心率监测设备和能量测试仪，可以对选手进行运动负荷监测。但是，体育教学中存在着多种运动形态，技术操作也十分繁杂，实施数字监测还需突破更多的技术壁垒。

随着科学技术的进步，人们对运动训练的规律有了更深入的了解，各种仪器的微型化、精密化，为体育教学中的数字监测提供了一定的硬件条件。GPS、压力传感器、加速度计、陀螺仪、无线传输、云计算等技术已由军事、工业转变为运动测量仪器，能够方便、准确地获取各种运动形态、运动数据，并利用高度集成的软件对大量数据进行处理、分析，从而达到即时的反应。通过对运动员和教练员进行数字身体训练的强化反馈，使教练员能够根据实时监测的结果对运动员进行更准确的引导，更合理地安排和提高训练的效果。同时，运动员还可以利用这些数据来进一步发挥自己的潜力，从而提高自己的竞技水平。这种强化的回馈方式可以激发运动员的潜力，并使其对神经肌肉的适应能力得到改善。目前已有的研究显示，利用数字技术进行负重深蹲的训练，能有效提高运动员的弹跳和短跑成绩。

第二节   数字化体能训练发展趋势

一、数字化的发展历程

1. 萌芽阶段——20 世纪 50 年代

20 世纪 50 年代是数字技术发展的开端。这个阶段采用英文符号和数字的表示方式，所采用的技术是 ASCII（美国标准信息交流编码）。它指定了一个"比特"来代表所有的数字、大小写的英文、标点符号以及其他代表各种信息的通用符号。电脑专业人员在这个阶段使用相似的技术，来记录语音和色彩。这一技术的出现，使科学家和工程师们可以利用电脑进行大规模的数字运算，发射导弹，预测天气。美国首部电脑就是为了进行弹道计算而制造的，这也是世界上最早的电脑。那时，数字技术还局限在科学和技术领域，只有极少数的高科技人才可以使用。20 世纪 50 年代以前的电影放映技术是数字技术的一种雏形，真正的数字技术可以追溯到 20 世纪 50 年代中叶，数字技术的开创和制作都是从美国开始的。美国艺术家莫顿·海利希的"拱廊体验"通过影片技术让人们在曼哈顿游览，他巧妙地运用了振动手柄和座椅，使观者体验到一场充满趣味的立体之旅，连风速都随着观看者的变化而变化。为了更好地表现，披萨店里的香味和车内的烟味也会在适当的时候散发出来。

2. 起步阶段——20 世纪 60 ~ 70 年代

数字化的技术先驱伊万·萨瑟兰在 1963 年发表其博士论文《"速写板"人机图形通信系统》，为该技术在图形学领域开辟了道路。1965 年在计算机图形处理研讨会上他作了题为"终极显示"的报告，提出用头盔显示装置来观看计算机产生的各种图像，即虚拟现实技术的窗口为计算机的屏幕❶。这一重要的技术原创性思想提出了数字化技术实现的基本方案。1968 年，他又推出了

---

❶ 张桂芳. 数字化技术时代中国人文精神解读 [D]. 沈阳：东北大学，2007.

"3D头盔显示器"，这是他在数字技术上迈出的一大步。自那以后，美国军方资助了他的"终极显示"技术，并将其应用于航天员的操作培训；20世纪70年代，古罗德和冯光的研究使得光栅图形学取得了很大的进步。克鲁格博士是美国最杰出的数字学家，亦是"数字之父"，他发明了第一套数字系统。20世纪70年代后期，人们对虚拟机械手进行了深入的研究，其中还涉及了力回馈问题。

3. 初步发展至蓬勃发展阶段——20世纪80~90年代

从20世纪80年代开始，数字技术发展到文字处理，电脑的作用从数字、字符扩展到文字处理，让人们真正意识到电脑是一种"新工具"。电脑技术的广泛运用，使人类认识及改造自然、社会的方式发生了巨大的变化，而电脑伦理也因此而成为"显学"。在20世纪80年代，数字技术已经成为一项切实可行的技术，开始兴起发展。美国加州大学的迈克尔·麦格里威医生在美国军队的支持下，创建了一个虚拟的机场，这一计划取得了巨大的成功，并在科学界、工业界和军事领域引起了轩然大波。20世纪90年代的互动游戏中的商用数字系统已经取得一定的销售成果。这种数字化开始于美国军事工业的需求，并逐步应用于教育、医疗等领域，并以其庞大的商业功能向工业、服务业等领域渗透。也就是说，电脑不但可以处理数字、文字，也可以处理语音。颜色、图形和图像的发展，使电脑走进了千家万户，并开始影响人们的工作、生活、休闲和娱乐。自1995年以来，网络把不同国家、不同种族、不同地区的人们联系在了一起，网络是网络技术、数据库技术和人工智能技术的结合，它的技术基础依然是数字技术。

从以上数字化的历史发展过程来看，数字化目前已经进入虚拟化阶段，在这一阶段，网络和多媒体技术使虚拟成为可能，虚拟化的核心特征是数字化技术，技术符号将几乎所有的社会现实存在物加以虚拟化，这是数字化的最高发展阶段。因此，数字化作为人机交互的一种新的手段和解决现实世界中问题的新方式，给社会所带来的影响是十分广泛的❶。

---

❶ 张桂芳. 数字化技术时代中国人文精神解读 [D]. 沈阳：东北大学，2008.

二、我国体能训练发展历程

毫无疑问，体能训练一直都是国内体育科研的热点研究领域，在世界范围内也是众多运动科研所和体育高校关注的重点。体能是运动技能表现的必要条件，是运动员竞技能力的重要组成部分。体能训练是训练理论与实践的核心问题，也是提高运动成绩的关键所在❶。随着职业运动的蓬勃发展，各种赛事的数量和规模不断扩大，"体能"的竞争日趋激烈。科学、合理的体育锻炼可以提高运动员的技术素质，改善运动员的体形，使其更好地适应专业体育和技术的要求，从而提高运动员的运动水平。体能已逐渐成为世界竞技体育领域的一个热门课题，也是运动训练工作者所关心的问题。这一思想在我国各个级别的体育队伍中日益受到关注，而体育科研工作者也逐渐成为各个层次的体育队伍所青睐的对象。20世纪90年代后期，我国引进了体育锻炼的概念。然而，长期以来，我国体育教学观念仅限于耐力与力量的培养，其训练方式多为跑步、高强度的力量锻炼，并未发挥出应有的积极效果；同时，也在某种程度上成为了制约我国竞技体育发展的"瓶颈"。

在过去的十多年里，通过学习国外的一些先进经验和做法，逐步将现代体能训练纳入到我国高水平运动员备战奥运的实际训练之中。现代体育锻炼既有新的训练方法，也有新的训练理论。现在重视对"动作"质量的控制，重新定位人体的"核心部位"，提出"两极化"的耐力训练模式，并对高强度、短程速度的理论和实践进行了探讨。通过系统梳理我国近20年体能训练的现状与发展历程，旨在厘清我国近年来体能训练认识方面的问题与偏差，为推动我国体能训练事业、推动科学化水平的提升提供参考。综合大量文献与相关资料，认为现代体能训练的历史发展应分为四个阶段：

1. 理论引进阶段：20世纪90年代末期至2004年

自20世纪90年代末期以来，随着北京成功获得奥运会主办权后，我国的体育事业迎来了全新发展机遇。20世纪90年代，竞技体育的一线训练中逐渐

---

❶ 闫琪. 中美两国体能训练发展现状和趋势 [J]. 体育科研，2011，32（05）：37-39.

重视体能训练，但认识上比较模糊，理论上没有足够的支撑，实践上以田径、举重为基础。最典型的例子就是一些足球队聘用田径队长跑教练员作为体能教练，结果是运动员的耐力水平确实得到提高，但是比赛能力却大幅度下降，这是因为耐力只是足球项目的基础能力，真正比赛所需的速度、爆发力、灵敏性等核心体能要素不仅没有得到提高，反而在一定程度上受到了影响。

为了有效提高训练科学水平，国家体育总局组织了多批优秀的教练员及运动专家，前往德国、俄罗斯、法国等国家学习，在澳大利亚、美国和其他国家进行了培训和交流。在训练的过程中，一些新的训练理念、训练方法和训练技术被引入到国家队的训练中，并逐步采用量化的方法来监督训练的质量，尤其是美国和德国的一些新的理论和方法，引起了国内运动员和科研人员的新的理解和新的思考。2001年以后，我国水上项目在备战雅典奥运会期间，在曾凡辉教授的影响下，提出"自主力量训练"的概念，即利用自身体重和轻器械进行身体训练的一种理念。随后，袁守龙博士组织翻译出版了《高水平竞技体能训练》，这是国内最早介绍功能训练和功能性动作筛查（FMS）的译著。同时，如何做好不同运动项目专项的体能训练也日益受到教练员、运动员和科研人员的重视，训练过程中也开始逐渐尝试引进一些国外的理论研究成果和实践训练方法。而北京市体育科学研究所的闫琪博士组织翻译出版了《游泳专项体能训练》这一专著，逐步拉开我国运动项目专项体能训练理论研究与实践应用的序幕❶。从此，我国现代体能训练的理论与实践工作逐渐走入人们视野。

2. 学习消化阶段：2004年后期至2008年

随着北京奥运会筹备工作的不断深入，为了促进学习体育强国的各种训练理念、思想和方法，尤其是先进的运动理念和方法，从2004年起，国家体育总局科教司就邀请了美国运动协会的专家进行训练，并组织了美国国家体能协会的四次认证体能训练，一批理论水平高、实践经验丰富、勤奋上进的运动

❶ 高炳宏. 我国现代体能训练的现状、问题与发展路径 [J]. 体育学研究，2019，2（02）：73-81.

员、青年教练员和研究人员积极参与到美国体育协会体能教练（CSCS）的认
证工作中来。在这段时间里，有十余名科研人员和教练通过了考核，并取得了
相应的证书。2006 年，国家体委干部培训中心举办了首批 20 余名全国教练员
赴美健身培训班，并前往美国体能协会、马里兰大学等地进行了 21 天的培训，
并首次与美国运动员进行了全方位的交流。以王卫星教授为首的一些专业人士
将美国的最新健身系统引进国内，并在一些运动队伍中进行了实践，并获得了
教练的广泛认同。此后，总局每年都会派遣一到两批教练、科研人员赴美进
修，为我国培养了一大批从事体育研究的学者，为我国引进了一种科学的体育
教学理念。在国家体育总局的组织下，先后请国内学者翻译了国外的体能训练
专业书籍，对传播科学体能训练理念产生了很大影响，影响力比较突出的著作
包括《高水平竞技体育体能训练》（袁守龙、刘爱杰译）、《实用体能训练营养
学》（杨则宜等译）、《游泳专项体能训练》（闫琪译）等 ❶。

　　在陈方灿博士的努力下，于 2007 年推动了国家体育总局科技处与美国体
能学会考试委员会联合组织的美国体能协会认可的专业体能训练专业资格证
书（CSCS）培训，每年可为 30 名教练员和研究人员提供培训，但由于培训项
目的实施难度较大，对学员的整体素质有较高的要求，全国范围内，能够通过
考试拿到证书的人屈指可数。国内以体能训练为主要研究方向的学者如封旭
华、袁鹏、闫琪等都参加过此培训并拿到了 CSCS 证书；而我国的教练员往往
由于运动科学知识方面存在差距因而很难通过 CSCS 的考试。目前，我国拥有
CSCS 认证的研究者大部分为从事体育教学工作的科研工作者。在学习和交流
中，我国逐渐引入了许多国外先进的体能训练理论成果、训练手段和方法，例
如悬挂训练、振动训练、康复训练、核心力量训练、功能性训练等，一系列新
的训练理论和方法被各个项目的教练员、科研人员学习，逐步推广到实际训练
中，中国教练员、科研人员在训练中不断学习、消化，并在训练中不断探索出
适合我国运动员的训练方法，并将这些经验和方法运用到备战 2008 年的奥运
会训练中。

---

❶ 闫琪. 中美两国体能训练发展现状和趋势 [J]. 体育科研，2011，32（05）：37-39.

3. 吸收应用阶段：2008 年奥运会后至 2012 年

为了备战 2008 年奥运会，我国部分学者、科研人员和教练员在训练实践中不断借鉴国外的理论成果，并将其运用于备战奥运的训练实践，积极分析训练过程，总结经验和成效，探索训练中的问题，并逐步总结出适合我国的体能教练员培养、训练方法的理论及应用成果。在 2008 年奥运会后的 1～2 年中，由上海体育职业学院牵头翻译出版了美国体能协会体能教练培训教材《体能训练概论》，这本著作的出版，为开启我国体能教练职业能力培养奠定了基础，为我国体能教练与国际接轨拓展了途径❶。同时在 2009 年，国家体育总局与美国专业体能训练机构 AP（Athletic Performance Inc）展开合作，请 AP 创始人 Mark Verstegen 来华讲学，并商谈合作事宜。2009 年 11 月，国家体育总局选派的赴美体能训练培训班除了去美国体能协会总部外，还在 AP 进行了为期一周的 "AP 体能教练初级课程" 的学习，将更前沿的体能训练理念引入国内❷。为使全国教练员更好地了解身体素质，国家体育总局的干部培训中心已经组织了多位美国体育专业人士来中国讲学，并组织全国体育专业人士为各地的教练授课，让更多的教练有机会了解现代科学的体育健身理论。通过在我国推广科学健身理论，极大地促进了教练员对运动能力的理解。随后我国一些学者也陆续完成并出版了一些体能训练方面的专著，如由张英波博士编著的《现代体能训练方法》、屈萍博士编著的《核心稳定性力量训练》、孙文新博士编著的《现代体能训练——核心力量训练方法》等。这些由我国学者在学习借鉴国外先进的体能训练理论和实践内容的基础上，再经过 2008 年奥运会备战过程中训练实践的应用与检验后形成的理论成果，为日后形成我国体能训练理论体系与方法打下良好的基础。此阶段，我国体能训练取得一系列理论与实践成果。

从理论上讲，逐步形成了以核心力量、动作模式、功能训练、动态链等

❶ 高炳宏 . 我国现代体能训练的现状、问题与发展路径 [J]. 体育学研究，2019，2（02）：73-81.

❷ 闫琪 . 中美两国体能训练发展现状和趋势 [J]. 体育科研，2011，32（05）：37-39.

新观念为基础，建立了"体育机能训练"的本土化理念。在实际工作中，在奥运会期间，为提高运动员的专项能力、预防和控制伤病、在奥运会及全运会上取得好成绩等方面起到了很大的作用。北京市体育科学研究院在全国率先设立了"功能性体能锻炼实验室""科学健身研究小组""专业健身专家论坛"；上海体育学院设立了"自行车专项体能训练实验室"，并组织了"国际运动训练创新论坛"；同时，山东省体科所、广东体育局等机构，也纷纷建立了体能训练的实验室，对体能训练进行了大量的探索和实践，取得了丰硕的成绩。这一阶段是学习、消化、借鉴的过程，将现代体育理念、理论、方法移植到体育教学中，是促进我国体育训练改革和科学备战的重要力量。

4. 蓬勃发展与创新阶段：2012 年奥运会后至今

现代体能训练是 20 世纪 90 年代末引进我国的，其发展主线是为优秀运动员准备奥运及国内外重要赛事提供服务，而在 2012 年奥运会之后，现代体能训练理念已经为我国广大竞技体育工作者所熟知并认可；在理论和实际运用上，已初步形成了"本土化，多样化"的发展特征。近年来，随着体育服务运动的发展，健身运动的研究和应用逐渐向全民健康、青少年和特殊群体延伸，并逐渐形成了需求旺盛、繁荣的趋势。

（1）竞技体育领域：呈现"本土化，多元化"的发展特点

国家体育总局、各省市体育局为了深入推动现代体能训练在备战 2016 年里约奥运会和 2020 年东京奥运会中的积极作用，从以下五方面入手，积极推进竞技体育领域体能训练技术的科学性、有效性：一是积极采取加强了与美国体能训练有关机构的合作力度，并开展了本土化技术探索与创新，积极推动了体能训练"四位一体化"实践探索；二是于 2017 年成立中国体育科学学会体能训练分会，推进了我国现代体育证书培养制度的探索，组织撰写《中国体能教练培训教程》的相关工作；三是国家体育总局成立备战东京奥运会身体功能训练团队，联合国家知名体能训练专业机构和国内体育高等院校、科研院所，为备战奥运提供理论研究、训练实践服务等方面工作；四是部分体育高等院校成立体能训练专业方向，加快专业体能和身体运动功能方面的人才培养；五

是召开了系列体能训练国际会议和专题会议，出版了一批体能训练教材，全面推进体能训练在竞技体育领域的应用。

2012年伦敦奥运会至今，在竞技体育领域，体能训练在理论研究、实践应用、交流互动等方面均取得显著成果。

（2）全民健康领域：呈现"内容丰富，门槛较低"的发展特点

国务院在2016年3月17日颁布的《中华人民共和国国民经济和社会发展第十三个五年规划纲要》中明确指出：实施全民健身战略。根据1996年、2001年、2007年和2015年四次全国群众体育调查数据统计结果，我国经常参加体育锻炼人数比例逐渐增加，由1996年31.4%增加到2015年39.8%；经常参与锻炼人群的运动项目较多样化，在不同时期略有不同，而以"健身走""跑步"为主的健身活动人数占比最高，分别超过总人数的60%，体现出门槛低、大众接受程度高的特点；2019年统计结果显示，参与体育活动内容依次统计为，健身走、跑步、小球类、广场舞、大球类、健身操、舞蹈、武术、游泳、登山；参与运动的形式上，"个人独自进行体育锻炼""与家人一起锻炼""参加社区组织体育活动"所占比例都有增加。

（3）儿童青少年健康领域：呈现"刚刚起步，空间巨大"的发展特点

众所周知，近30年以来，我国儿童青少年体质与健康水平持续下降。但是，具体分析组成"体质与健康"的指标体系不难发现，其中，部分健康指标，如牙齿检查、血液检查、蛔虫卵检查结果，是好转的、上升的，只有与体能相关的部分（机能与身体素质）的测试结果是持续下降的。何佳嘉在2018年采用群抽样方式在不同地区选取了4269名青少年学生，收集体能等数据，发现在不同项目测试中不达标数据明显。也就是说，随着经济的发展、社会的进步，与健康紧密相关的医学问题，大部分解决了，而与体质有关的指标，问题却越来越严重。目前我国对于青少年儿童体能的研究相对较少，我国专家学者对于青少年儿童体能的相关研究关注点更多集中在竞技体育，而国外专家则是集中在大众健身领域，而且对一些相关问题的认识专家学者并没有达成一致。可见我国青少年儿童健康领域才刚刚起步，还有很多值得不断探索的地方。

（4）特殊人群领域：呈现"虽有开展，水平有限"的发展特点

近年来，特殊人群领域的体能训练也开始受到关注。人们常用"智商"测量人的智能，现在人们开始用"体商（Body Quotient，BQ）"测量人的体能。体商是指一个人活动、运动、体力劳动的能力和质量的量化标准。体商的高低与性别、年龄、脑力和体力劳动、地区、民族以及是否残疾等有关。

通过文献查找发现，我国在20世纪80年代开始就有关于军事体能的相关研究报道，但是研究水平较有限，目前研究内容涉及：军人体能训练方法、损伤防护、监控与评估、医务监督、现状与发展等。由于军事课题具有较高保密性，从事相关工作的人群涉及领域有限，真正从体育运动研究的人群还不多。该领域深入研究可能需要不同专业背景和不同职业的人群共同探讨和延伸研究。

在其他特殊人群研究领域中，现阶段的研究也较局限，虽有开展，但研究广度和深度都还很不足，但同时也有较好的发展前景。

三、数字化体能训练的应用

培养世界冠军和奥运冠军不仅需要艰苦的训练，更需要多个领域的综合研究成果的支撑，也是一个新理念、新知识、新技术、新策略不断实践的过程。现在，奥运金牌的实质已是科技金牌、运动金牌和智力金牌。

当今世界，以科学技术促进奥林匹克运动的发展已经是共同目标。随着大数据、人工智能、信息技术的飞速发展，我国的体育和奥林匹克运动已进入信息化和数据化的新时期，传统的训练观念、训练手段、训练体系和比赛方式等都在发生着巨大的变革。"无资料无培训""无监测无培训"已经是高水准体育竞赛的重要标准，包括：对技战术、体能、状态的培养，赛场、指挥等全程数据化监控、反馈，从以往的经验训练到信息化、数字化、科学化的训练方式。到目前为止，数据科学已逐渐成为培养奥运会冠军的重要支持。

大数据是当前最热门的学科之一，其技术的发展具有广泛的应用价值，其发展趋势是跨学科的。体育培训产业的专业划分越来越精细、专业化、系统

化，体育数据分析师、数据架构师、数据工程师等是体育培训产业的一部分。所有的数据科学家，都将提供无穷无尽的培训机会，让训练更加精准，5G 将会加快体育教学的智能化和网络化。

1. 美国体育在技术支持下的发展

技术支持是美国发展运动的重要基础。田径是美国的强项，20 世纪 80 年代以来，美国体育学会一直非常注重多个领域的研究，从 20 世纪 80 年代开始，就雇用了 10 名整形和康复医学博士、8 名生物力学博士、12 名生理学博士、15 名心理学博士、4 名营养学博士、50 名物理治疗专家。医生小组采用分散、集中的方式，对全国大赛的数据进行年度汇总，对教练员、运动员的数据进行分析，并对下一年度的培训方案进行研究，组织培训科研研讨，与教练员、运动员进行面对面的交流与追踪。在大数据与人工智能技术的应用方面，美国田协非常注重运动技术的革新，对运动技术进行大数据的分析与系统的累积，建立了不同专项、不同技术的数据库，利用大量的数据，对各种运动的技术动作进行科学的研究，并根据训练竞赛目标制订出与人体力学、功能解剖学以及个性化特点的运动技术，从而不断地提升运动员的专项技术和运动性能。

很多 NBA 顶级队伍，都有专门的统计人员，统计结果对队伍成绩和训练量都有很大的作用。通过对数据的解析，可以让一支队伍在技术和战略上占据很大的优势。在缺乏资料支持的年代，教练们总是凭自己的经验做出决定；在引入了这些资料以后，经过对这些资料的统计，他们的决定就会更加合理。这种判断力，会影响训练，所以 NBA 的战术，已经开始朝着三分之外发展了。美国 Kinduct 的运动员管理体系为 NFL 和 NCAA 的队伍提供运动表现、健康数据分析，包括跑动距离、加速度、血压等数据；通过实时、快捷地获取心率、脑电波等信息，为教练备战训练，预防伤病，提高运动性能。世界顶级联赛都有专门的分析人员，他们的分析结果是对数据进行分析得来的，他们的实力评估和对企业的价值都取决于这些数据。所以，大数据的解析，是一支战队在寻找自己的长处和短处，赢得比赛的必要条件。

由于通过大数据技术可提升运动员的表现，因而在足球、篮球、排球等运动中，也有更多的团队在收集大数据。团队收集的数据首先来自于可佩带式的装置和分布在可佩带装置中的不同的感应器，还可利用高速摄像机进行数据收集，包括心率、血压、跑步距离等。

2. 英国体育在技术支持下的发展

2007~2017 年，英国自行车队共获得了 178 次世锦赛的冠军、66 枚奥运会和残奥会金牌，还有五次环法自行车赛的冠军。由教练、医疗、体能、支持等组成的高效率的团队，在整体和微观层面都为车队的发展提供了有力的保证。从宏观上讲，他们运用资讯科技与大数据，构建了一套动态的培训监测与评价系统，设定客观、具体的成长指标，精心制定严格的培训方案，对培训方法、指标和流程进行了细致的调整，并对专项生理、技术、装备进行了深入的探讨，以保证英国选手在技术和装备上的领先地位。从微观上讲，他们对比赛服装、器材、装备、能力进行评价；针对高原训练、赛前减量、状态控制、心态训练等 10 个环节进行了系统性、精细的技术攻坚。英国单车学会在伦敦奥运会期间组建了 30 多个智力竞赛小组，建立了一套系统、超级、科学的安全保障系统，从而在里约奥运会上金牌总数超越了中国、俄罗斯，成为一个非常注重技术支持和大数据的典型例子。

3. 德国体育在技术支持下的发展

德国足协表示，德国的足球前景将由大量的数字决定。这不仅是对德国足球队利用海量数据获得巴西世界杯冠军的一个极好的总结，同时也是对德国足球大数据日益发展的一个合理的推论。一部计算机展示在德国科隆的一个足球场上，它是 2006 年魔术便条的秘密，而这个秘密来自于德国科隆运动学校的技术分析组，这项试验的领导人是布什曼博士。他率领 40 个大学生，通过计算机没日没夜地研究 13000 个点球视频，计算出阿根廷点球和点球的归属。最后，将数据挖掘信息与团队分析统计、计算机分析与分析结果有机地融合在一起，实现了 2006 年度大数据的重大成果。德国队在 2014 世界杯第一回合 4：0 击败了拥有 C 罗的葡萄牙队，他们拥有的巨大数字优势是原因之一。教练可以根据球员的跑动、传球等数据，对每局的重要情况和球员的特征进行评价，根据数据，使其能更好地准备工作，从而提高队伍的表现。仅仅依靠运动员的才干和教练的经验的时代早已过去，为每位运动员制定出个人的解决办法，将传统的足球推向了现代化。

借助德国的 SAP 系统，德国队在世界范围内率先应用了大数据技术。在巴西世界杯之前，德国采用了"球场解析视角"对训练的资料进行了统计。运动员鞋内、护板中装有感应器，而整个训练场所则遍布着感应器。SAP 系统可以利用这些设备来捕获运动员的各个运动和姿势的改变，他们的动作和传球都会及时反馈。通过快速的后台操作，教练可以通过一个平板计算机来获取运动员的所有资料和视频。通过对这些资料的收集与统计，可以很容易地让教练员掌握各个运动员的特点、优点和弱点。SAP 系统会大量地采集信息，通过这些信息，可以看到任何一名运动员的移动轨迹、进球率、攻击距离等信息，从而为教练提供实时的信息。教练会根据队员的发挥给出一些意见和改善的计划，队员们可以根据这些资料来了解自己的优势和劣势，并适时地做出相应的调整，弥补不足。

4. 数字化科技助力我国体育事业发展

国家体育总局在分析了东京奥运会的情形后，意识到科技助力奥运势在必行，因此为了精准化地备赛，创建了数字化国家队，为奥运会争金夺银注入强心剂。其实早在新一轮的奥运周期下，我国就已经通过"科技奥运""国家科技支撑计划"等课题攻关训练成果，为奥运备战奠定坚实基础。科技攻关内容包括从机能评定到状态诊断、从技术分析到战术模拟、从训练反馈到疲劳监控。

皮划艇项目运用相关科技平台，展示了训练模式，进行数理统计分析，精细化训练科目，精准化训练数据，实时化训练分析，有效提升训练的严密性和准确性；运用生物力学原理严格把控技战术的效能转化，重点凸显通过身体代谢产生的能量，然后通过桨这一介质传导为前进的动力。研究表明，在能量转换的过程中运动员自身的耗能是最为主要的，提出要从大肌肉群、优化肌肉收缩速度等多个方面研究减少能量的损失等；数字化时代仅仅凭借运动员的先天天赋、后天训练、临场表现以及教练经验还是远远不够的，大数据分析包括运动员的赛前训练、战时表现、健康数据、比赛数据的采集和分析，这正在成为职业俱乐部不可或缺的一部分。中国乒乓球队在东京奥运会上以 4 金 3 银的成绩完美收官，在整个比赛的进程中人工智能平台就实时地在为乒乓球队提供大数据的支撑和分析，把运动员的每一次接发球反应时间、挥拍横移速度、前后移动速率等进行标记，有效地完成自动化或者半自动化的数据标注。

在职业运动员中，进行数字运动展示已经成为一件很平常的事情，而在任何一个运动中，身体活动的数据收集和处理都是必不可少的。体育学科的一个重要作用就是把训练的过程用资料进行定量化，并把它们归纳成规则。早在 19 世纪的时候，田径教练员们就会对每天的训练和比赛进行人工的记录，然后根据这些数据对选手的体能和技术进行分析，以便对他们的训练进行相应的调整，这为以后发展数字运动打下了坚实的理论依据。在雪橇项目中，选手的起跑速度是很重要的因素，中国滑雪队伍在近几年就配备了一套完整的训练设备，以协助其进行数字化体育的训练。复合训练机在一定程度上实现对雪地起跑的模拟，从而改善其起步阶段的运动性能，它可以解决传统体能训练器材多采用自然配重或气动配重、惯性大、阻力不稳定、训练时容易造成损伤的问题，同时还可以运用各种阻力方式和数码控制技术，有效地改善训练效果。同时，综合训练架中集运动数据实时采集、监测、存储、分析于一体的数据管理系统，亦可辅助教练员制定科学、合理的训练计划。原国家队体能教练曾说过："过去我们对运动员训练数据的统计都是人工完成的，烦琐且低效。而综合训练架中自带的数据管理系统，不仅可以完整采集运动员各阶段的运动数据，还可通过不同阶段的数据对比，分析出运动员的成长水平，进步或退步都将有精准的数据可参照，这对教练员进行管理研究而言，是一次全新的变革。"

第二章

数字化体能训练
理论指导

第一节 数字化体能训练分类

在各个领域，数字技术的运用也是多种多样的。"数字化"是体育学科中经常与"体能"相关联的概念，具体地说是"数字化体能"。数字化体能训练的目的，就是根据不同的运动需求，提高运动员的运动能力，优化其功能状态，以适应不同的运动需求，保证运动员的身体状态能适应比赛中的战术动作和技术水平，保证运动员在训练中掌握新的技术和战术，使他们在比赛中得到更好的表现。

根据体育训练学的定义，数字化体能训练可分成数字化一般体能训练和数字化专项体能训练。数字化一般体能训练是指在运动员的训练中，运用多种非专项的体能训练，提高人体各组织、器官、系统的功能，促进运动员的综合素质发展，为数字化专项体能训练打下坚实的基础。数字专项体能训练，是指运动员在整个训练过程中，都要进行与专项运动紧密相关的专项体能训练，并对专项运动的专项技术、战术进行改进，以保证专项技术、战术的科学性和灵活性。

数字化一般体能训练和数字化专项体能训练的关系是：数字化一般体能训练是数字化专项体能训练的重要基础，而数字化一般体能训练则是提高专项素质的必要条件；而数字化专项体能训练，则是为了提高体育运动专长，或为创造卓越的体育成就而服务。

随着专业水平的不断提高，数字化一般体能训练所能直接为其提供的基本和专门的身体锻炼的明确需求也随之发生变化，以适应日益增长的特殊需求。数字化一般体能训练与数字化专项体能训练的终极目的是一致的，它们往往在体能训练中相互关联。

一、数字化一般体能训练

数字化一般体能训练的目的主要为如下三个层面：

一是依照专项运动的需求优化身体特征结构。如易建联和周琦到美国职业篮球联赛后都曾出现体重过轻、对抗能力较差等缺陷，这时体能教练员主要利用力量训练和饮食生活习惯进行适当调整，增大其身体重量，优化其身体特征，以满足美国职业篮球联赛中剧烈的身体对抗的要求。二是不断提高运动员机体各器官系统的生理机能。机体的生理机能是运动机能的根基，所有运动能力都取决于众多器官系统的功能，如绝对力量的大小一方面取决于肌纤维的收缩舒张能力，还依赖于神经系统的协调配合能力，所以数字化一般体能训练要进一步提高参赛选手机体各器官系统的生理机能。三是更进一步发展体能。体能是技战术的基础，如果没有极佳的体能，再好的技战术在比赛中都将沦为无源之水、无本之木，而数字化一般体能训练需提高运动员的体能。

尽管在不同的运动项目中，一般体能对运动员竞技能力贡献的大小不同，但这并不能影响数字化一般体能训练的基础地位。在当代数字化体育运动训练的多项内容中，数字化体能训练是顺利开展其余多项训练的基础。没有极佳的体能，专业技能训练、战术训练等势必脱离实际；没有高效率的数字化一般体能训练，参赛选手的竞技能力的提升就根本无法确保。数字化一般体能训练主要包括以下方面：

1. 力量训练

力量训练常以卧推、深蹲和硬拉等体能测试指标为基础，可以有效反映运动员的极限力量和核心力量水平。为了科学监控训练效果，Gymaware 功率测试系统被广泛使用，它可以将训练和力量测试中的表现转换为平均速度数值，为教练员提供精确的数据支持。在平时的训练中，运动员一般使用 1RM（Repetition Maximum）的 60% 作为训练强度标准，而 1RM 在健身领域被视为重复运动的最大力量值。有趣的是，即便训练强度增至 1RM 的 80%，部分运动员仍表现出色，这表明他们的体能训练水平超出预期。因此，教练员可以根据具体情况适当增加 1RM 的 5% 至 10% 的负荷量，以提升训练效果。如果运动员在承受 1RM80% 的强度时体力不支，则需要教练员密切关注，深入分析训练效果不佳的原因并及时调整训练计划。数字化监控系统在这一过程中扮演着关键角色，其能够实时提供训练中的数据，协助教练员作出更为合理的决策。这种方法不仅能提高训练效率，而且有助于预防运动损伤，确保运动员体能训练的安全性和有效性。

2. 爆发力训练

在运动员爆发力训练中，小组循环训练法是一种有效的方法，其能够使运动员完成特定的训练任务。爆发力与运动灵敏能力紧密相连，后者主要涉及神经反应速度以及身体对启动、弹跳等动作的控制。在提升运动员的灵敏能力时，关注跳深触底反弹时间这一关键指标至关重要。在训练过程中，收集运动员爆发力训练的数据并科学量化其训练负荷，对于评估训练强度和爆发力影响是必不可少的。这些数据的分析和管理能够使教练精确判断每位运动员的训练效果，并据此调整训练计划。例如，通过对深蹲训练进行一个月的定期检测，可以观察到其在增强爆发力方面的效果，从而将深蹲纳入常规训练。但对于某些未能在深蹲训练中取得理想效果的运动员，教练需要根据其个人情况选择其他合适的爆发力训练项目。这种个性化和数据驱动的方法不仅可以有效提高运动员的体能水平还能够确保每位运动员在体能训练中实现最佳个人发展。

3. 耐力训练

耐力训练一般分为有氧、无氧和高强度间歇三种类型，每一种都对运动员的耐力和力量有着独特的增强作用。在训练过程中，教练员应重点监测心率和血乳酸等关键指标，以评估耐力训练对心肺功能的影响效果。通常，较高的心率和血乳酸水平表明耐力训练有效增强了运动员的心肺耐力。如果经过系统训练后，这些指标未出现显著变化，可能说明训练对心肺耐力的提高效果有限，此时教练员需根据运动员的实际情况调整训练计划，如增加负荷或改变训练方式，以增强耐力。在制订心肺耐力训练计划时，教练员可利用录像、Polar 表等数字监控工具估计运动员在比赛中可承受的心肺负荷，并将其与日常训练的心肺负荷水平进行对比，以确定训练中的心肺耐力标准。重要的是，训练强度不应低于这一标准。通过数字化监控和精确调整，教练员可以更有效地帮助运动员增强耐力，进而优化他们的整体运动表现。

4.速度与灵敏度训练

速度与灵敏度是运动员体能训练中的关键要素，尤其在短距离冲刺、变向与制动等运动中表现较为明显。为了精确评估运动员的速度与灵敏度，常用的方法包括"17 折"测试和"Z"字测试。提高速度是一个复杂的过程，它不仅受个人遗传因素的影响，还涉及多种环境和训练因素，因此在训练中特别强调速度与灵敏度的提高。在实际训练中，教练员可以通过监测心率的变化和使用主观 RPE（Rated Perceived Exertion）评分系统来评估训练效果，特别是在速度与灵敏度方面的进步。此外，采用多种监控设备收集训练数据是提高训练质量的关键。这些数据能体现出每位运动员运动表现的详尽信息，使教练员能够针对个体差异确定更加合理有效的训练方案。数字化监控的应用使得教练员能够更准确地了解运动员的速度与灵敏度水平，并据此调整训练计划，以期达到最佳的训练效果。这种方法不仅提高了训练效率，也增强了训练的个性化和针对性，可以有效地提高运动员的整体体能水平。

二、数字化专项体能训练

专项体能是指某一特定运动项目为精准顺利完成专项技术、战术和提升竞技能力所必需的能力。专项体能水平的提升不但有利于承受训练和竞赛中更多的负荷，也可以填补技术的不足。随着竞技体育训练规范化、专业化的发展，根据各项目的运动基本规律和特点开展相匹配的专项体能训练，已经成为现阶段竞技体育进行体能训练的趋势。数字化专项体能训练是运用高新技术，在运动员开展专项体能训练的过程中利用动态观测的信息来监控训练效率，并参照信息对专项体能训练的整个过程进行修正的一种训练手段。数字化专项体能训练是一种双向调节的处理过程，对提升训练时间内的训练效率，顺利实现顶尖选手的专项、精准个性化体能训练，都发挥了十分关键的作用。

专项体能是体能训练的不可或缺的部分。大数据时代的到来，体能训练应用领域中信息数据与训练决策执行的相互联系愈发密切，正逐步从"由感性和常识驱动决策""以信息数据为核心的决策"向"数据驱动决策"的模式转化。特别针对专项体能训练的测评、监测、计划施行与校正的数据采集、甄别、实证、管控，将为训练科学决策提供方便长效的支持，为加快我国当前体能训练规范化、精细化、系统化水平和运动实训及全民健身应用领域提供了最广泛的应用价值。除此之外，利用数据处理和环域云模型的搭建，为云计算、人工智能与体育的紧密结合，提供数据资料支撑和运用情境。

以专项体能训练为突破口的系统训练运行体系、理念、方式方法以及核心力量训练、功能性训练、数字化体能训练等方式、装备、仪器，应用于世界级运动员体能训练过程之中，并利用测评技术手段的精细化、训练方式的体系化使可操作性、功能性的训练计划能够充分实施。而与专项密切相关的体能训练内容的定向化、训练负荷的定量化、训练过程的个性化等，都有助于提高数字化专项体能训练理论体系、训练理念和训练方法的运用。特别是以数据分析驱动决策的体能训练实践，不仅在数据管理平台的搭建上，还在体育能力状态评估、训练质量实时监控、关键数据采集和分析训练信息等方面加快了体能训练的科学性。

1. 数字化专项体能训练的评测

数字化专项体能训练的评测是以项目专项技术动作结构、能量代谢特性、肌肉神经系统的功能为基础，通过不同的指标，对运动员专项运动能力做出筛查与研判，为专项体能训练评定提供参考。专项体能的每个环节都是与项目特点紧密联系的。当前体能训练的领域专家与研究者融合国际上的有关研究结果，就专项体能评测开展了各种各样的深入研究。例如，可以通过反应灯系统来实现动作反应速度的测量；力量输出功率检测系统能够对上肢、下肢的爆发力和 1RM 等进行较为详尽的测量；敏捷测试系统对速度、折线跑等敏捷评价具有很好的作用；运动心肺功能测试仪能够对人体的最大摄氧量和无氧做功能力进行评价；三维立体测力跑道能够评估运动员的专项速度和力量。

数字化专项体能训练测评是参赛选手提升竞技水平的关键点，是教练员和科研人员对运动员在日常训练和比赛中所表现出来的运动机能和人体生物学机理进行全面的评估，并针对每个项目的特点、运动员的能力组成和比赛成绩的需求，对每个阶段的运动员进行个体化的诊断，确保对运动员的体能问题进行正确的诊断。在大数据时代，高效、准确地评测是非常必要的，数字化体能训练是基于对体能素质评价的数据进行管理和分析，并对训练的动态数据进行收集和反馈，对训练过程进行了实时的修正。而且持续追踪、累积有效信息组成运动员的个人数据库，能够对其竞技状态、训练效果、体能发展趋势做出评价，对某一项目呈现出的有效信息，可作出普遍化分析、纵向对比，对于筛选、评定每位运动员体能特点有关键意义，还可以为教练员训练的决策提出主要依据。

2. 数字化专项体能训练过程的实时监控

"专项体能训练"具有显著专项特点。对专项竞技能力有积极作用的体能训练方式，数字化实时监控是专项体能训练过程中数据驱动决策的关键点。如拳击项目极为注重 3~6 分钟极限强度与高强度的间歇训练，通过高强度心率区、完成功率来进行实时监测；Plyometrics 训练是短跑项目相当重要的专项体能训练手段，训练过程中主要监测运动员完成动作时在较短的触地时间内可以取得的训练效果等。现阶段各种高科技设备与信息化训练平台的创建，推动了训练者个人信息的数据库与即时训练数据的交互。比如，着眼于神经肌肉控制的动态平衡系统、基于速度的力量训练传感器、血流阻断加压抗阻训练带、竞技状态综合诊断系统、基于卫星定位技术的运动表现监测系统、光电速度与灵敏性训练系统、运动感知训练频闪眼镜、监控有氧耐力的智能穿戴设备、战术训练现场模拟设备等等。利用多样的高科技体能训练设备和大数据训练系统，使教练员和研究人员对体能训练，搭建数据收集、传输、储存并可视化分析的数据管理系统，对体能训练的品质进行精准的定量分析和评价，依据各训练阶段的监控监测结果制定完善运动员专项能力的训练计划，并对完善后的方案训练效果进行监测，助推专项体能训练从数据到实践的转换。

3. 数字化专项体能训练方案的实施与修正

自从计算机和网络技术应用于体能训练以来，以信息化技术对数据进行分析来驱动决策的手段就已经开始。体能训练过程中，比起直觉、推论或经验而给出的决策，基于数据信息的决策更值得信赖。利用数字化助力的技术手段，教练员可以分析出运动员个体体能发展及动态变化，推进体能训练实施手段的革新。

近几年，体能训练的研究人员不断重申训练过程中数字化的实用价值。多样化、高效化的训练计划的推行有赖于选手各时间段体能测评数据的采集与研判，并做档案化管理。在训练过程中的各类数据分析基础上形成的信息化训练平台，对专项体能训练过程中的动态监测，可以即时验证、详细分析训练的质量、效果和个体状态，从而给予选择性的变动。由于信息技术整合的加快，高科技的电子设备、仪器以及训练系统对数据分析的能力愈发强大，能随时提取出体现运动员真实状态的数据，使体能训练的实践过程不断推进与调整。这种方法不但提高了专项体能训练效果，甚至可以对运动员个人运动能力水平有了更加准确的把握。

数字化体能训练的诞生，是对许多体能训练实践的一种新的思考和发展。数字化体能训练在运动训练中的应用越来越广泛，其优势和缺点也越来越明显。竞技比赛的专项训练、比赛环境的特殊性及复合性，极大地突出了体能训练中的数字化体能训练的价值。同时，数字化体能训练的思想也更加符合运动专项体能训练的发展方向。与传统的体能训练相比，数字化体能训练可以有效地减少因长期体能训练而引起的运动损伤和有关疾病的发生。另外，通过制定科学的数字化体能训练方案与训练原则，使运动员在不同的项目和阶段中，尽量将一般体能训练与专项体能训练相结合，从而大大缩短了运动员从训练效果到专业能力的转变。

第二节　数字化体能训练特点

体能训练是一门考验人类极限的科学，如今随着大数据和智能科技手段的发展，体能训练也得到了强化。在体能训练中应用数字可视化技术，可通过信息技术建立数据共享，打造体能训练的数字化评估标准，以便有效监测训练过程，追踪、捕获训练流程，深入分析并评价体能训练成效，以期取得更进一步的体能训练效果，实现用精准化、数字化、程序化的训练手段来完善传统经验，建立以具备数据驱动、实时交互、远程分析和精确供给为特点的数字化体能训练方式创新。

一、数据驱动

在当今时代，体能训练结合精准调控是大势所趋，训练过程对于需求的满足也必定会在大数据技术的支持下更加精准和高效。但是，随着运动训练与数据科学、大数据技术的多方位融合，体能训练需要主体的专业能力有更新更高的标准，参与主体必须要有远见卓识和超前意识，从而积极、科学地迎接和应对新时代体能训练方式的革新带来的机遇和考验。

数据驱动是指主体应用大数据的关键技术来探究和分析收集的数据及相关数据成果，并结合分析结论定制决策和相关计划，进而推进客体的运行，其特点主要包含以下三个方面：一是数据总量大、种类多、流转效率高的前提条件；二是借由数据挖掘技术从而研判和处理数据的基本思路；三是可以为下一步的行为定制个性化有价值的指导计划的核心目的。当今，随着智能可穿戴、大数据、云计算等数字技术在体能训练中的大量运用，多种基于生理学、心理学、营养学、环境学等多元化训练标准的数据能够连续地、实时地被采集，同时积累、汇集形成训练大数据。在这些训练数据流不断产生并传输于体能训练的各个流程时，会形成一种正向反馈机制，其具有自我修正的特性，进而驱动体能训练的操作过程得以进行精细化的调节。

从驱动范式的角度看，根据驱动力的不同，体能训练可以分成两种，经验驱动型和数据驱动型。前者是指体能训练主体以主观经验驱动训练计划的制定和主体的主观感受为前提，形成的单中心训练模式；后者是指运动训练主体依据大数据技术给出的训练计划为前提，在多维度的客观训练标准的基础上，形成的多中心训练模式。数据驱动精确训练依照"数据采集—处理数据—训练模型—测试评估—应用实际"的科学技术路线，以数据驱动为中心思想，从而汇集多种来源、不同结构的训练数据类型，通过深入研究和多维度分析体能训练大数据，可以迅速制订运动员训练短期适应训练计划与长期适应期望训练目标，协助训练团队制作更有针对性的个性化训练时间表，指导运动员开展更高精度、更高效率的训练，继而推进科技时代体能训练向精准化和科学化发展。

数据驱动精确训练就是以运动员和训练团队等为体能训练主体，结合大数据技术和体能训练计划，在将运动员竞技能力数据化的基础上，通过对训练过程每一环节相关标准的精细控制，来推动体能训练客体（竞技能力和运动成绩）产生最优化发展的一种体能训练理论与方法的新范式。其中"提升训练效能"是根本目的，"大数据技术"是实现基础，"精准控制"是实现工具。

由此可见，在开展数字可视化项目体能测试训练计划过程中，充分注重发挥"数据驱动"项目的科学性高效能，导入大数据思维观念，运用数据挖掘算法分析和统计模型分析等原理，分析各个训练计划项目数据之间的内在关联性和信息承托力作用，有助于企业科学系统地制订测试训练项目计划、针对性地提出项目个性化的组训方式，提高数字化体能训练效果。

二、实时交互

随着人们迈进 5G 时代，数字化体能对抗训练设备将会更加拥有训练设备效果可视性、数据快速捕捉与及时性、远程网络体验性强等特点。随着动作训练更加精细化和网络的交互以及动态性练习的逐渐深入，体能的训练无疑将会逐步进入一个网络实时交流互动练习的新时代。

　　运动员在体能训练、运动实践过程中，对于竞技目标、运动能力以及运动能力的变化过程需要量化地制订计划、运动监控和运动评估，是教练员对运动员的训练效果、训练强度、训练负荷进行充分观察的途径和方式，科学、精准的运动监控数据更是教练员用以修正训练计划、科学控制训练强度的依据。体能训练涉及多方面和各领域，传统的信息数据已经无法迎合现代体能训练的发展和现代竞技体育训练的需求。随着人们逐步进入到大数据信息时代，在体能训练、竞技体育的运动训练中，可以为解决复杂性问题进行科学的运动监控以及修正运动训练计划提供全新的理念和方法❶。

　　在数字化体能训练之中，无论是日常训练还是竞技比赛，处处都可以体现出"实时互动"的技术与理念。在篮球比赛对抗中，科研人员利用Advanced Scout工具将队员的训练表现进行数据化分析，分析突破、掩护、进攻与得分的效率；运用"大数据"将每项体能训练的数据进行深度分析，从而更有针对性地提升每位运动员的力量、速度、耐力等基本素质。在美国橄榄球职业队伍中，通过对队员们比赛数据的采集和分析，将训练的负荷、疲劳、损伤等情况进行预测，实时掌握队员们在比赛过程中的状态变化，从而在后续训练中纠正比赛出现的失误，调整训练方法，有效地控制队员们在体能训练中可能出现的伤病与损伤，进而提高球队的综合实力。足以见得，不论是一般的体能训练还是专项的体能训练，都离不开体能训练的实时交互❶。

　　对于国内，现代体能的发展要着重打造数字化国家队，加速"大数据"技术在体能训练中的转型，培养更多的高精尖科研团队，形成系统的、超强的、科学的保障体系。"大数据"更是体能训练的未来，通过SAP数据采集与分析，教练可以更方便地了解队员体能现状与优劣势，球员可通过数据直观地了解自身优缺点，及时调整状态、补缺拾遗，从而提高比赛中技术发挥的准确

❶ 孙雨. 大数据时代下智能化监控对于篮球运动员体能训练的影响 [C]//. 第八届中国体能高峰论坛暨第二届中国体能训练年会书面交流论文集.

性与战术的有效性。仅凭运动员的天赋与教练的主观经验来组织训练的时代已经渐渐远去，要有针对性为每个队员设计出个性化的解决方案，才能让现代体能训练行稳致远，进而有为[1]。

体能训练是多学科交叉融合的综合性学科，数字化体能训练带来了全新的训练手段，对运动员身体、动作等方面的数据能够实现动态监测和分析，为制定运动战术与专项体能训练等方面提供了强有力的数据基础。体能训练的实时互动，在比赛过程中运动智能化监控为实施训练以及技战术的发挥提供依据，在对体能训练手段、战术战略、比赛能力、比赛中的监控水平、比赛的预测能力等方面都有不同程度的突破，通过对体能训练数据的"收集—储存—分析"做到训练中的动态监测，对训练计划反馈的数据进行调整，给提高运动员体能训练效率和准确度提供重要的手段。

三、动态反馈

数字化运动员体能测试训练平台的"动态反馈"模块是指运用国际先进标准的检测仪器设备，来对参赛运动员的运动与训练比赛过程中发生的各种施加和负荷信号进行数字化监控，利用被观测信号历史数据实现的输出反馈，通过挖掘历史数据的有用信息形成的反馈法则，分析运动员赛前训练期训练效果与比赛成绩的相关性，进而检验训练负荷，反思训练过程，为科学化训练提供保障，达到优化训练的目的[2]。基于动态反馈的数字化训练系统，通过记录、实时处理训练中的有用信息，形成对训练有利的相应引导，并以音频或数据的反馈形式呈现给训练者，提高数字化体能训练的效果。

体能训练实施计划体系的正确设计方法对于保障训练计划效果也具有相

[1] 仇乃民，李少丹.走向大数据时代的运动训练科学研究[J].首都体育学院学报，2015，27（06）：541-545.

[2] 苏芳，张晓丽，单丁，等.基于动态反馈的飞行员颈腰肌多模式训练系统设计[J].医疗卫生装备，2022，43（01）：22-26.

当重要的影响，其实施计划方案的具体实施情况并不是完全一成不变的，需要严格依据当时外界环境情况及当时运动员的自身真实的运动身体状态而实时予以调整更新和过程控制。当没有可以作为唯一可输入性基础的真实信息时，在整个训练体系实施的执行过程中，训练方案管理计划的内部系统构造方法和设计状态往往就会因此产生相当复杂的微妙变化，是影响训练体系方案实际执行效率的主要结果，也是达成训练成果的主要表现。但是，如果当训练时间计划上出现一些变化，输入训练信息有时与计划输出的信息又存在明显不匹配的现象时，就会最终导致训练实施效果相对欠佳，因此为切实提高对训练时计划内容的合理有效程度，加强对于训练时效果变化的过程控制，数字化体能训练的"动态反馈"是极其重要的手段。

数字化体能训练主要呈现出以下特征：首先需要依据运动员的身体状态，确定预期的体能训练目标，制定全方位的训练计划，导入有关训练计划信息，进行训练过程的可行性分析，对执行的结果进行测评，输出相关训练信息，对训练的成果及训练计划等进行实时的校正与修订，整合、实施新计划[1]。在动态反馈运动员训练强度、训练效果与训练目标上，教练员要依据运动员的身体状态开展详细的现场训练指导。根据对训练负荷的监控，教练员在指导训练时，可清晰了解每个运动员当天的强度是否到位，准确把握运动员的能力变化趋势，全面监控各项机能指标。待运动员根据教练员的提示完成相关动作后，教练员会依据运动员的动作表现情况，提出具有针对性的下一步训练计划和重点需求加强的训练内容，发布新的训练指令。此训练指令的发布并不是要求运动员完成最高难度的动作、达到最优的训练成绩，而是需要教练员依据体能训练计划及目标要求，找寻运动员在训练中存在的差距，并选取其中最易实现和完善、最主要和关键的训练内容进行加强。在现实训练中，训练的回馈信息可直接作为输入性的训练信息进行利用，任何训练计划时间的延迟都会对整个训练效果产生一定干扰，对训练实际效果带来一定影响。

---

❶ 王玉博.反馈训练，动态平衡——动态可控式训练模式在高校田径训练教学中的应用[J].田径，2021（11）：9-10.

"动态反馈"的应用使得运动员能够更加积极地向教练员反馈体能训练中存在的问题，教练员可依据运动员的反馈信息，进行汇总，并制定可行性高的反馈训练模式。作为一名合格的教练员，其设定的训练计划和训练目标并不是一成不变的，需要充分地结合运动员的身体状态、训练状态，不断地调整训练思路和训练模式，这样才能够在体能训练的过程中，适应运动员专项技术需求，保障体能训练的有效性和先进性。因此，"动态反馈"可有效地实现数字化体能训练的不断调整，从而促进和保障运动员运动能力的不断提升。

四、精准供给

数字可视化体能训练高度契合了当前体能训练网格化、精准化计划和个性化调整的时代需求及未来格局，积极推动体能训练的相关工作从"经验驱动"向"数据驱动"和"革新驱动"变革，促进运动训练精准化水平再上新高度。

传统的体能训练被对于运动员训练过程中生理和心理负荷指数的密切关注所局限，从而忽视了对训练技术、训练负荷、训练环境、运动损伤、生活方式、生活压力等因素的全方位网格化监测。特别是在信息时代，随着数字技术的发展，数字可视化体能训练下的数字化监测逐渐趋于网格化，监测的维度越来越广、精准度越来越高、细节度越来越深。同时，结合更加高效的数据采集方式，把教练员从众多程序化、机械化的工作中解脱出来，将其工作重心转移到创新性的训练设计和个性化的训练部署上，继而推动训练效果的持续提升。

数字可视化体能训练重点在于"精准"，训练成效的提升需要科研人员多维度的保障、教练员个性化训练的制定以及运动员根据计划进行精准化的训练三方面的结合。当今科技时代的体能训练过程定制是一个系统工程，须因人而异、与时俱进、顺势而动，是精准化和数字化的定量管控，而不再是凭个人经验的定性管控。仅仅只是凭借主观经验的定性推论已无法满足体能训练过程对于规划要精准高效的要求。体能训练中每时每刻都在生成的大量数据，而不断更新的信息技术是数据驱动的高效训练的前提，基于海量训练数据的科学训练决策将使运动训练过程控制实现从抽象到具体、从定性到定量、从共性到个性的根本性转变。不同类型运动员个体的运动应激协调能力将受到性别、年龄、生理、心理、遗传、个性发展和后天成长及环境影响等众多内外部因素共同影响而千差万别，同一名职业运动员会在各自不同类型的身体训练的阶段、训练场地条件和训练的环境条件下都分别需要作出不同类别的和个性化的运动训练安排。

因此，对不同运动员在不同时空条件下的运动训练适应进行个性化调控是运动训练科学化发展的必然要求和时代趋势。数据驱动高效精准训练是基于大数据技术的训练数据整合，不仅可以通过数据挖掘技术发现运动员竞技能力演化的群体特征和运动项目对竞技能力需求的一般规律，还可以结合个体的适应水平和应激能力等特征识别不同运动员竞技能力提升的个性化需求，并通过算法自动化生成与运动员适应水平相匹配的个性化训练方案，真正实现体能训练的高效率。

"无监控，不训练""无数据，不训练"已成为高水准精英运动员竞技能力持续提升的核心准则，有必要加快推动体能训练模式由经验驱动向数据驱动的转变，从建造数据驱动高效训练的平台、提升训练主体身体素养、对接运动项目应用等方面入手，让数字可视化体能训练带动竞技训练高质量发展的蓝图更快实现。

第三节　数字化体能训练内容

一、引入数字技术

数字化技术可以方便地对运动员体能训练中的各项数据进行存储、分析和管理，包括运动量、心率、速度、力量等体能训练的数据。分析这些数据，能够为教练和运动员提供全面的数据支持，使其成为科学训练的基础和科学依据，帮助运动员更好地了解自己的体能状况和训练效果，使训练更加精准有效。通过引入大数据、人工智能等数字化技术手段，实时监测运动员的身体状况、运动轨迹和训练数据，为训练提供科学依据，实现对运动员体能训练的智能化管理。其次，还要充分利用虚拟现实技术等模拟各种实际场景，让运动员在模拟环境中开展各种实践类的体能训练，实现理论与实践的有机结合，提高运动员面对比赛环境时的实战经验，培养其化解冲突、控制局势、决策判断、快速反应以及心理承受的能力。最后，运用数字化技术，在训练教程的基础上，建立统一的训练动作规范和标准，例如运用数字化规则分解训练动作，定义评判规则，形成训练标准，规范评判尺度，为体能训练提供精准的教学示范。

二、定制训练计划

通过数字化技术手段收集大量的训练数据，并对这些数据进行智能化分析，以便对训练方法进行精细化调整，更好地满足每个运动员的需要。其次，可以利用大数据和人工智能技术，对每个运动员的身体状况、运动能力和训练目标等情况进行分析，并及时调整训练计划，个性化定制训练内容、训练强度、训练频率等训练细则，以提高训练的针对性和效果。最后，也要充分利用数字化环境下的智慧元素，定制一套个性完善的训练计划，并打破传统训练的方法粗放化、标准模糊化、评估定性化、指导经验化等壁垒，制定明确式标准，开展精准式训练，设置数据化评估，进行智能化评估。

三、优化训练方式

数字化技术打破了传统的体能训练方式，开展运动员的体能训练要着眼于现实中存在的各种问题，利用虚拟现实技术和人工智能技术等数字化技术，积极探索体能技能训练的新模式，优化体能训练的方式和方法。采用智能设备进行力量训练，在提高训练的科学性和有效性的同时，也能使训练更加生动有趣，激发运动员训练的积极性。

四、完善评估体系

通过智能设备和传感器等数字化工具，实时监测运动员训练过程中的心率、呼吸、运动轨迹等体能状态和体能数据，对运动员的体能进行实时评估，同时，通过数字化技术对运动员的体能训练数据进行存储、分析和可视化，为教练和运动员提供全面的数据反馈和评估报告，帮助他们更好地了解训练效果和体能状况，及时发现训练中存在的问题和不足，为后续的训练提供改进方向，及时调整训练计划、训练方法和训练强度，提高训练的科学性和有效性。另外，也可以通过数字化技术设置科学的训练结果评定标准，按照运动员体能训练的任务和目标，根据年龄、性别、职责对参训运动员进行精准分类，将其与各自训练的课目类型进行对照，用科学的评分标准进行训练成果的数据化处理，并融入个人及单位的综合考核体系，实现训练成果与工作绩效的精准匹配。

五、建立管理系统

通过建立数字化的运动员体能训练管理系统，实现对训练数据和训练过程的统一管理，提高数字化技术的使用效率。首先可以通过数字化技术获取和留存训练过程中实时影像数据，实现对训练过程的全面监察，为后续的督导纠改提供合理的依据，既是对训练过程实施全面考察的一种形式拓展，又为后续训练保留了原始的素材。其次，可以通过管理系统汇总、存储、分析、运用海量训练数据，实现训练数据的深度挖掘，为全面掌握训练状况、精准指导体能训练提供决策性辅助。再次，可以通过数字化技术对运动员的运动姿势、运动负荷等进行智能分析，及时发现潜在的伤病风险，并采取相应的措施进行预防，降低伤病发生的风险。最后，可以通过数字化技术，实现教练、医疗团队、营养师等不同专业人员的数字化协同合作，共同为运动员提供全方位的训练支持和保障，提高训练的整体效果。

六、实施远程指导

利用数字化信息技术，对运动员进行体能训练，实现远程的在线体能训练指导和技能学习，打破地域限制，有效利用优秀的教练资源和丰富的多媒体技术，提供精准的训练教学示范，为运动员提供更多的学习资源和实践机会，同时也要提高其对数字化技术的认识和应用能力，使运动员更好地掌握数字化体能训练的方法和技巧，定制差异化的训练计划和针对性的训练方法，可视化示范项目动作，科学化提高训练效果。利用人工智能设备，对训练人员的动作、时长等体能训练要素进行视觉化识别，并通过数据化计算形式，自动采集训练过程中的各项数据，把传统人工计算模式升级为智能化和精确化的采集、分析和计算，最大程度地保障训练数据的即时性、真实性和准确性。同时，还要充分发挥大数据的分析功能，对运动员的体能发展趋势进行智能化评估，精准筛查运动员的特长和短板，查找偏训漏训项目，深度挖掘运动员的体能潜力，为后续的精准组训提供科学的决策依据。

第四节　数字化体能训练方法

目前，以数字化结构调整、网络重塑、科技化升级换代作为特征的体育运动专业训练的新型科学研究范例、新型体能训练方式已经开始在全世界范围内逐渐兴起。数字化是新一代人工智能体育运动的中流砥柱，其发展趋势是统计数据收集、聚合研判分析与应用的运动训练全面数字化。然而，搭建体育运动训练学科专业数字化、体育训练具体实践操作数字化、科学研究改良方法数字化是当前体育运动训练方面的专业人士们急需解决的问题。数字化体能训练的搭建与精细高端的数字化关键技术和装置设备是密不可分的，通过对国内与其他国家在数字化体能训练的相关理论研究和实际应用整合分析，以及经过掌握数字化体能训练实验室在具体的训练实践中的应用经验，目前已经被专业人士给予普遍肯定的数字化体能训练技术核心聚焦在体育运动能力的测量和力量与爆发力训练、神经反应速度训练、高强度间歇耐力训练等训练方法的实时动态监控，以及运动员竞技状态评价和大数据平台管理等方面。

一、数字化力量训练方法

力量训练在体能训练当中占有重要位置。鉴于力量和速度之间往往呈现出明显的负相关关系，所以，通过对训练过程中的速度进行测量，便能够成功达到对于最大力量的预估。同时，该测量也可以监控基础力量训练、爆发力训练和离心力量训练的质量，从而显著改善力量训练的效果。

伴随数字化体能训练观念和信息化体育运动能力测试技术的不断发展改进，体育界的相关学者提出了一项基于速度的力量训练方法（velocity based training，VBT），这种训练方法是在体育运动中借助实时动态监管的杠铃移动速度来更为准确地调控运动员的训练荷载，因而是一种相较于传统以最大力量为基础的更加优化的训练负荷调节方式。Mladen Jovanovic 等国外学者曾在一份学术研究报告中提出了关于 VBT 在实际中应用的领域：帮助运动员建立速度 - 负荷的体能训练原则、预测和监控运动员最大力量的变化、控制疲劳对力量训练效果的影响、描述训练负荷以及在特定训练中提供实时的运动表现反馈等。学者通过这些数据得出了一个结论：线性传感器是帮助体能教练监测和优化力量训练计划的可靠而有效的工具。VBT 靠着其独具特色的优势，如今在诸多体育运动项目科学训练中已经收获了积极的反馈。Mann Bryan 等人在一项关于大学橄榄球运动的研究中发现，VBT 能够在运动员的日常训练中识别出其运动时肌肉能力的波动情况，并将训练负荷与相应的训练目标相匹配，同时可以作为提高训练质量的有效激励工具，使得橄榄球运动员的力量得到显著提高，这对于提高运动员在赛场上的表现具有突出意义。此外，还有其他相关研究表明，力量训练中动作平均速度的下降表示神经肌肉疲劳的产生，这一点可以作为运动疲劳的一项指标。另外，对某一项力量练习的重复监测还能够用于评估运动员的代谢压力，这可以通过血氨或是血乳酸的浓度进行测量。而可便携可穿戴且基于智能手机平台的高新技术更使得力量训练的数字化监控在可靠、可信且准确度高的基础上增加了实用性与便利性。

最大肌力数据是竞技体育中常用的体能指标。如果采取通过增加运动员负荷的方法来直接对运动员的最大肌力进行测量，会对运动员的健康产生一定风险危害，特别是对那些身体存在伤病或者有身体运动功能障碍的运动员，而精英运动员在长期的高强度训练下，往往都会或多或少产生一些伤病问题。所以，通过基于力速曲线的递增负荷最大力量测试就能够较好地规避运动员在体育运动时可能产生的损伤风险，用4～6次递增负荷的动作速度就可以较为精确地预测出运动员的最大力量。Izquierdoetal 的研究表明，平均速度的测量是一个十分稳定的方法，同时杠铃的平均速度与最大肌力（1RM）的百分比有着较高的相关性。鉴于负荷和速度具有高度的负相关关系，因此，可以通过线性回归的统计方法来预测出运动员的最大肌力。相较于用杠铃直接进行 1RM 的测试方法，通过递增负荷力量测试来对运动员进行体育运动的测量，能使教练员得到大量重要的直观训练信息，且更为安全、高效。

深蹲、卧推、卧拉都是竞技体育中至关重要的基础力量练习，在确定体育运动练习的负荷量时通常会选择最大肌力（1RM）的百分比来确定。有学者的研究证明，运动员在 1RM 时常会产生波动，其波动的范围会达到"1RM数值的 ±18%"。那么，按照一开始测试的 1RM 来进行百分推算就会产生较大的误差，导致选择的负荷将会不够精准。

因此，以速度为基础的力量训练是基于速度与负荷之间始终保持严格的负相关关系而进行的。教练员能够通过线性位置传感器装置在每节训练课的关键练习中对杠铃杆的平均速度进行测量，从而监管运动员的体育运动训练质量。在以速度为基础的力量训练中，运动员推动杠铃的速度每一次都要以自身可以达到的最大速度去完成，并一直运动到运动员力竭。一般情况下，运动员最后一次推动的平均速度应低于 0.3m/s。这种训练方式能够引导运动员达到当前身体状态下的最大速度，直到其把自身的极限能力逐渐发挥出来。而且在训练的过程当中，运动员始终能够看到自己达到的推起速度，通过这种增强反馈体验的训练方式来刺激运动员自身的潜力，来达到提高运动员的训练效率。

爆发力训练是力量训练中的关键一环。具有代表性的奥林匹克举及其变形练习方式是培养运动员全身爆发力的最好训练方法。爆发力训练主要用来监控运动员动作过程当中的最大速度。在每次训练完成后，都能够通过显示屏直接看到此次训练的最大速度，教练员便能够为运动员每次的体育运动训练来制定下一个目标值，并观察运动员每次的训练质量。这样的增强反馈方法能够持续激励运动员探索自身潜力，从而提高运动员每次进行爆发力动作的最大输出功率。

在爆发力训练的阶段，可以采取基于运动员最大速度的爆发力训练方法，通过每次监控和反馈运动员的最大功率，并以运动员在之前训练时曾达到的最大功率为目标值，从而激励运动员达到甚至超过之前的目标值。目标值便随着运动员能力的不断提高而逐渐拔高，来引导运动员充分调动身体各系统和运动各环节，发射更强的神经冲动来完成爆发力动作。诸多运动实践表明，通过这种训练方法来训练的运动员在周期内使得自身高抓功率获得了持续的提高。

离心力量不仅可以提升运动员的运动表现，而且可以防止运动员在训练中可能产生的运动损伤。使用飞轮训练器来开展离心体育运动训练，同时配合蓝牙传输的应用程序来对运动员训练的效果进行实时监控，这一方法也逐渐在数字化体能训练中占有一席之地。有学者早已证明，与传统力量训练相比，采用飞轮训练器进行离心力量训练后，运动员的肌肉围度和功能性力量会产生显著的提高，其具体表现在向心与离心力量、肌肉爆发力、肌肉围度、纵跳高度和奔跑速度等方面。

除此之外，研究者还发现，通过飞轮训练器进行离心负荷体育运动训练时，与进行传统力量训练相比，前者的目标训练肌群肌电图活跃程度远高于后者。此外，也有研究指出，肌肉的发力率和最大自主收缩能力在离心训练后也得到了明显提高，这或许与离心力量训练相较于传统力量训练能够带来更多的机械压力有关。同时最关键的是，在使用飞轮训练器进行离心训练时，运动员的相关数据能够通过显示器对实时的训练效果得到直接的反应，从而使教练员和运动员都可以在第一时间掌握运动员的实时训练实况，来激励运动员更好地完成训练。相关研究表明，采用飞轮式离心训练台能够对运动员展开诸多动作的离心训练。当运动员在进行向心用力收缩后，将立即转化为离心收缩，让目标肌肉不断去适应离心的用力方式，来增强肌肉离心能力。如果运动员能够很好地使用离心方式用力，离心力量可以高出向心力量 20%～30%。利用离心训练台，能够在一组训练中使得运动员目标肌肉的向心和离心用力方式都得以获得充分训练。

二、数字化速度训练方法

在许多竞技体育的运动项目中，运动员的动作速度是通往胜利的关键。影响动作速度的因素不是单一的，而是由神经系统和肌肉系统的功能共同决定的。在进行体能训练时，能够利用视觉、听觉等信号来刺激，并配合设定好的或随机的动作来对运动员的反应式动作速度能力进行训练。以冰球运动员为例，有研究发现，应用视觉频闪技术进行体育运动训练，对提高冰球运动员的动作速度和技巧都有着积极影响。无独有偶，业界也有学者采取 Fitlight Trainer 反应灯系统来对跆拳道运动员进行精确的快速踢腿动作测试和训练。

有实例表明，应用 Fitlight Trainer 反应灯系统来对 4 名拳击运动员进行 4 周的反应式动作速度训练，通过将 8 盏灵敏灯安置在墙上，每 2 盏灯之间闪烁的间隔为 1s，每周训练 2 次，每次训练时要求运动员在 60s 内完成 60 次出拳的快速反应动作。如果运动员的判断正确且出拳速度能够达到要求，则指示灯熄灭，并将运动员的动作记为正确次数；而如果运动员在规定的时间内没有达到要求的动作速度，则记为漏掉一次，系统会自动记录完成情况。通过四周时间对拳击运动员专项出拳动作的反应和速度训练发现，运动员的成功率不断得到提高，并且错过或漏掉的次数显著变少，可以反映出运动员的神经反应速度能力获得增强。

在 Plyometric 训练中，运动员的触地时间是一项十分关键的指标。许多要求运动员爆发能力的项目中，运动员的脚触地的时间非常短，通常在 180ms 以内，因此，在进行 Plyometric 训练时需要十分注意运动员从跳箱落地的触地时间。以往测量运动员的触地时间只能利用测力台进行，目前随着技术的进步，往往应用带有压力传感器的纵跳垫或应用一些其他的光学设备进行测量，来显示出运动员的触地时间。这些设备对于运动员调动自身运动潜能、提高运动的动作质量都有着明显的积极作用，同时能够显著地提高运动员的训练质量。

有实例表明，一名女子跳台跳水运动员进行了一场为期4周的跳深训练，每周进行2次练习，跳台高度45cm，每次进行4组，每组进行6次，在运动员跳深训练的过程中应用Newton纵跳垫进行触地时间的实时监控，从而让运动员每次都能够获知到自己的触地时间，教练员也可以根据数据来对运动员进行技术指导。通过4周的Plyometric训练，每次触地时间的示意图和均值数据均可通过数字化监控和增强反馈的方式呈现，运动员的触地时间不断缩短，第4周的触地时间与第1周的触地时间相比有着十分明显的差异。

三、数字化耐力训练方法

耐力训练通常分为基础有氧耐力、无氧耐力和高强度间歇耐力三种训练方式。无论是哪种方式的耐力训练都能够对机体产生刺激，从而产生一定的生理反应。对这些生理反应进行监控时得到的数据，往往可以反映训练个体的训练负荷强度和量度。在进行有氧耐力训练时，可以采用跑步机、功率自行车、攀爬机等周期性练习方式，也可以通过力量循环的非周期性方式来进行。在进行无氧耐力和高强度间歇耐力训练时，运动员身体内会产生大量乳酸，因此，不仅要对距离、速度、心率监控，还需要利用训练后血乳酸的测试来监控训练强度。高强度间歇耐力训练往往是格斗项目和同场竞技球类项目中的主要耐力的表现方式，同时也是在这些运动项目中的运动员在进行体能训练时数字化监控的重点。

周期性的训练方式可以监控运动员在体育训练中的完成距离、速度和过程中的心率及其衍生指标训练冲量、训练效果、运动后过量氧耗。非周期性的训练方法主要可以用来监管运动员在训练过程中的心率及其衍生指标，这有利于教练员和运动员在训练过程中随时观察训练效果并实时进行监控，并尽可能地将运动员的心率控制在目标心率区间内，从而有效强化对运动员训练过程的掌控，提高运动员的训练质量。

Banister 提出了基于训练过程当中的平均心率占心率储备百分比来量化训练负荷的方法，即常说的训练冲量。训练冲量能够体现出运动过程中的心率反应的总体情况，训练冲量值会随着运动时间的增长而增加，其增长速度则由运动员的运动强度来决定，并且随着运动强度的加强体现出数据的指数型爆炸增长，是分析特定练习的训练负荷时所采取的比较理想的方法。

运动后过量的氧耗值可以在一定程度上体现运动对机体内环境稳态产生的影响。过量的氧耗是由运动后能量代谢率尚未恢复到运动前的水平所导致的，是指恢复期机体耗氧量的水平高于运动前耗氧量水平的现象。过量氧耗值会随着运动强度的增加而呈指数型增长，当运动强度低于无氧阈时将会停止增长，并且伴随运动强度的降低而显现出下降的态势。

训练效果是对过量氧耗值研究而产生的评分指标，其评分代表着训练对于有氧运动能力所发挥的影响。评分数值介于 1～5：分值 1.0～1.9 代表比较轻松的恢复性运动；2.0～2.9 代表训练可以起到保持运动能力的作用；3.0～3.9 代表训练可以使有氧运动的能力得到改善；4.0～4.9 代表有氧运动能力可以获得很大改善；5.0 则表明训练负荷超出可承受范围，或有可能导致运动员过度训练。

有实例表明，对一名国家级的女子拳击运动员高强度间歇训练课的心率进行监控，可以显示出运动员心率超过自身最大心率 90% 的时间段，同时，心率数据将同步投射到墙壁上的显示屏中，教练员和运动员可以随时看到心率变化，如果运动员的主观努力程度下降，将会在显示屏中体现出心率降低的情况。在这种情况下，教练员可以采用语言激励或者提高训练强度的方式来调控运动员的心率，从而使运动员的心率能够更多地出现在靶心率区，以实现最佳的训练效果。同时，在对男子柔道运动员进行 4 周 5×30s 高强度间歇攀爬机体能训练中，随着运动员攀爬机总高度的提高，运动员的训练效果评价值、训练冲量值、血乳酸等指标都呈现正相关上升态势。这些数据也能够很好地反映出运动员对高强度间歇能力的适应程度不断提高。

第五节　数字化体能训练原则

数字化体能训练过程是一个不断重复进行的刺激—反应—适应过程，是一个身体结构和功能不断循环破坏及重建的过程，是身体的结构和机能反复破坏及重建的过程，其本质是有意、有计划地给运动员的机体增加系统的适当的运动负荷，产生预期的适应性变化。科学的运动训练不仅要掌握训练理论，更要掌握训练理论背后人体生理功能的变化。可合理安排运动训练的各要素，使机体产生最好的反应和适应，从而取得最好的训练效果。

数字化体能训练原则是根据体能训练活动的客观规律组织体能训练，必须遵循的基本原则，是训练活动客观规律的反映，对训练实践具有普遍的指导意义。科学化训练的重要内涵是遵循运动训练过程中的客观规律进行的训练，而运动训练原则是运动训练过程客观规律的反映，遵循训练原则就是遵循训练过程的客观规律，在很大程度上反映了训练的科学化程度。

根据运动训练理论和体能训练的实际要求，有以下几个数字化体能训练原则，即区别对待原则、一般和专项训练原则、系统训练原则及适宜负荷原则。

一、区别对待原则

区别对待原则指在运动训练过程中，根据不同专项、不同的运动员或不同的训练状态、不同的训练任务及不同的训练条件等具体情况，有针对性地组织安排各自相应的训练过程，确定训练任务，选择训练内容、方法和手段及安排运动负荷的训练原则❶。教练员在制订训练计划时，要针对不同运动员的身体素质、潜力、学习特征和专业特长，制定个性化的训练方案，即应根据选手

---

❶ 朱军凯. 中国国家队男子足球运动员位置体能特征及训练策略研究 [D]. 北京：北京体育大学，2011.

自身的特点，合理地安排整个训练过程，以达到最佳训练效果。

不同专项运动员的竞技能力（体能、技术、战术、心理、形态等）受到各种因素的影响，对其要求也各不相同。所以，在选择训练方法时，要注重针对不同项目的不同需求，系统性、针对性地进行。各种体育项目都有其自身的特点和发展规律，正确理解运动员所参加的专项比赛能力的决定因素，并根据其发展规律进行针对性的训练，方能获得较好的效果。

区别对待原则是数字化体能训练的一个重要内容。通过对每一个运动员的训练进行全面的分析，再根据运动员在训练中表现出来的不同情况，为他们制定出最适合他们的训练方案，让运动员能够更好地发挥出自己的潜能。运动员的个体特征包括性别、年龄、训练时间、竞技水平、生理和心理特点、身体状况、训练情绪等，这些都对训练计划提出了不同的要求。即使是同一名运动员，在不同的训练阶段和时间，表现也会不同，训练环境及训练条件会对训练内容及组织实施提出各种各样的要求。运动员的心态、身体状况、训练水平、学习、工作、生活习惯等各方面的因素都不尽相同，所以教练员应根据实际情况，进行针对性的分析。要抓住运动员身体和心理发育的特点，根据情况区别对待。

运动训练的过程是动态发展的过程，在不同的运动项目、不同的运动员和不同的状态下这一过程都处于不断的变化之中。这些因素的不断变化，要求教练员及时根据训练对象的具体情况有区别地组织训练，使运动员能够更好地适应这些变化的条件。这些条件主要有：教练的职业素养、训练策略、战术安排、训练阶段和特定要求以及比赛的天气、场地、器材、对手状况等。

二、一般训练和专项训练原则

一般训练和专项训练原则是指在体能训练过程中，根据项目特点、运动员水平、不同训练时间和阶段的任务，合理安排两者的训练比例。

一般训练是指，在运动训练中以多种多样的身体练习，以及训练方法和手段，来提高运动员各器官系统的机能，全面发展运动素质，改进身体形态，掌握一些非专项的运动技术和理论知识，改善一般心理品质 ❶。其目标是使运动员在专项、技战术、心理等方面得到最大程度的提高，从而为运动员在专项比赛中取得优异的成绩打下良好的基础。专项体能训练是指在运动训练过程中，以专项运动本身的动作及比赛性练习，以及与专项运动动作相似的练习，提高专项体能水平所需要的各器官系统的机能，发展专项运动素质和心理品质，掌握专项运动的技术、战术、理论知识 ❷。

一般体能训练的目的是为提高某项运动的成绩奠定良好运动素质、技术战术、心理品质等方面的基础；专项体能训练的目的是直接创造出色的运动成绩。两者的目的是一致的，相互促进，相互制约。在训练实践中，应根据训练过程中不同阶段、不同水平运动员的实际情况，合理安排一般训练和专项训练的比例。任何一种专项运动本身对动员各器官系统机能的影响都在不同程度上有一定的局限性，一般训练通过多种练习内容、方法和手段可以补充专项训练的不足，对各器官系统都有促进作用，从而为运动员创造优异的成绩奠定良好的基础，保证专项训练的顺利进行。由于训练时长、专项特点、训练环境的制约，一般训练的内容应该少而精，一般要满足以下要求：既能提高或保持一般水平的工作能力，又能对专项素质产生良好的影响，并能形成起到补充作用的技战术等。虽然一般训练不能发展特定的能力，但它对专项的表现也有积极的影响。因此，要注意训练内容和时间的安排，要有利于向提高运动质量和技术转移。

专项训练的内容、方法和手段的核心就是专项运动本身，专项训练过多容易诱发机体的局部负担和中枢神经系统的疲劳。如果适当安排一般训练内容，就可以积极调整，从而提高专项训练的效果。一般和专项训练在训练实践中存在一些矛盾，所以要注意，由于各运动专项具有不同特点、运动员的训练水平不同、不同训练阶段的比赛任务不同，因此一般和专项训练的构成比例不

❶ 孔祥宁，岳新坡. 关于"早期专项化"理论基础的探析 [J]. 商丘师范学院学报，2006（02）：165-167.

❷ 吕源美. 一般训练和专项训练理论认识不足及创新研究 [J]. 科技风，2012（20）：193.

同。值得注意的是，虽然在多年的运动训练过程中，人体功能和形态的进一步转化程度逐渐降低，但一般训练在运动员高级阶段的训练中仍然发挥着非常重要的作用。

一般训练只起到打基础和调节等作用，而运动训练的目的是发掘运动员的潜力，创造优异成绩。因此，只有通过专项训练，才能保证运动员掌握专项技术和战术，发展专项技能和体能。各种练习要想取得良好的训练效果，都需要有必要的训练前提。例如，速度和力量练习要想达到良好的效果，需要神经系统的良好兴奋性和充足的能量储备。同时，由于各种运动后机体的恢复时间不同，后效的保留时间也不同，因此要考虑课与课、练习与练习的间歇时间和组合顺序。应尽量消除或降低消极转移的危险，促进负荷后有机体迅速恢复，根据培训对象、项目特点和不同培训时期、阶段的任务，合理安排两者的比例。

三、系统训练原则

系统训练原则是指持续地、循序渐进地组织运动训练过程。这一原则的确立，与运动训练过程的连续性和阶段性的基本特点密切相关。一方面，运动员要长时间坚持训练才能登上竞技体育的巅峰；同时，一般情况下，要达到理想的训练效果，需要逐步增加训练负荷，而不是突然增加。

数字化体能训练过程的组织实施应根据各阶段特点，循序渐进，有序进行，这个步骤遵循着固有的顺序。长年不断地训练，保证运动员机体产生一系列良好的适用性变化，才能实现长期的积累，使训练水平逐步提高，这就要求每次课、每个周期、每个训练时期以至每个训练大周期都与上一次课、上一小周期、上一训练时期和上一大周期有机地联系起来，使之在原有的基础上不断提高。训练内容、方法和手段的选择要根据每个训练时期和阶段的具体任务，充分考虑它们之间的内在联系和各自特点，一般要按照由易到难、由简单到复杂、由浅到深、由已知到未知的要求进行规划。

运动员身体能力的变化要以运动员身体形态和功能系统的改善为基础，

从而表现出高度发展的运动素质，运动员有机体对训练负荷的生物适应必须通过有机体自身的各个系统、各个器官等的逐步改造才可形成。为保证训练过程系统不间断地进行，要使训练的各阶段有机地衔接起来。运动员系统的多年训练活动，必须以健全的训练体制作为保障，各训练的组织形式之间要密切配合，在内容的安排、训练和比赛的要求以及所承担的具体任务上都要有机地衔接起来。

由于负荷作用而提高的运动员体能是不稳定的，当训练的系统性和连续性遭到破坏而中断或停止训练时，已取得的训练效果也会消失甚至完全丧失。为了避免这种情况的发生，必须在产生训练效果并维持一定时间的状态下，通过反复增加负荷，强化、积累并改善训练效果。在漫长的训练时间跨度中，例如从几个月到一年的训练过程中，运动员的体能变化会经历不同的阶段，这就是竞技状态的形成、维持和消失三个阶段。在训练过程中应充分重视，采取有效措施，防止运动损伤的发生。运动员受伤会影响训练的系统性和连续性，一旦受伤，训练就会长期中断，甚至影响运动员的运动寿命。

四、适宜负荷原则

适宜负荷原则是指根据运动员的现实可能和人体机能的训练适应规律，以及提高运动竞技能力的需要，在训练中给予相应量度的负荷，以取得理想训练效果[1]。

运动员在训练中承受一定的运动负荷，就必然产生相应的训练效果，但是并不是负荷越大，训练效果就会越好。因此，合理安排训练负荷具有重要意义。数字化体能训练中，训练负荷的合理安排主要体现在以下几个方面：根据训练任务和运动员水平以及人体功能适应规律，逐步有规律地增加训练负荷，直至达到最大；要遵循"增加→适应→再增加→再适应"的规律安排运动负荷，负荷的增加是通过人体在一定范围内生理变化的适应过程规律来实现的。

---

[1] 牛雪松. 我国高水平自由式滑雪空中技巧运动员体能训练理论与实践 [D]. 北京：北京体育大学，2010.

运动成绩来源于运动负荷的作用，是运动负荷作用的综合结果。运动负荷应包括定性和定量两部分，只有在训练手段和方法都定性之后，再进行定量，才能准确测定负荷。数字化体能训练过程中的负荷包含着负荷的量与强度这样两个方面。前者反映着负荷对机体刺激的量的大小，后者反映着负荷对机体刺激的深度。负荷量的评价指标一般为次数、时间、距离、重量等。负荷强度的评价指标常常通过练习的速度、远度、高度、单位练习的负重量或练习的难度来衡量。

负荷量度的增加会带来更好的训练效果，而且越是接近运动员的承受能力极限，这种效果就越明显。运动负荷的大小是相对的，取决于运动员个体差异和运动员在不同时期最大限度地承受负荷的能力。因此，为了科学地设定运动负荷，科学地分析每个阶段各选手所承受负荷的生理临界值及其变化的阈值是前提。教练只有时刻把握这个临界值的动态变化，才能准确地分配负荷。负荷指标的临界值会随着发育水平、竞技能力等稳定状态而变化，但也会受到健康状态、日常休息、心理状态等因素的影响，因此测量和评价必须要有充分的科学依据。在实际训练中，掌握这个生理临界值通常借助于生理生化指标来进行分析。负荷刺激的生理临界值很难把握，需要教练在实践中摸索。在没有完全理解负荷极限的情况下，为了避免过度训练，一般会给自己留有余地。

负荷的量和强度构成了负荷的整体，两者相互依存、相互影响，运动负荷的表现形式和组合方式多种多样，处理好两者的关系是正确安排运动负荷的关键。任何负荷的量都以一定的强度为条件存在，任何负荷的强度都需要一定的量。一方面的变化必然会带来另一方面的变化，因此在分析负荷的大小时，必须同时考虑两方面。

训练中不合理的负荷分配是造成运动损伤、过度疲劳的主要原因之一，因此，要在训练中多加注意，把握不同时期运动员的竞技状态，采用综合的方法和手段，建立科学的诊断体系，选取可靠的指标。对训练过程和训练效果进行分析，及时准确判断负荷的适当程度和恢复程度、训练的实效性与目标值之间的偏差，确保训练始终按计划进行，保证最佳训练效果。

第六节　数字化体能训练要求

一、科学制订训练计划

体能训练是一项繁重而又复杂的工作，为了取得良好的训练效果，必须在进行体能训练前，制定一套完整的训练方案[1]。体能训练的质量不仅关系到运动员的身体素质，而且还反映出教练员的专业水平，体能训练内容和过程的制定都是以体能训练计划为基础的。拟定某个项目体能训练计划之前，需要对运动员进行诊断，可以采用大数据采集技术，如使用信息管理系统对数据进行搜集。获取数据是制定训练计划的前提条件，比如一些运动员穿戴设备、运动手环、运动 APP 等，以上是大数据获得的途径，可获得运动员的初始竞技状态。

二、选择针对性的训练方法

在制定体能训练方案后，选择哪种训练方法也是非常关键的。体能训练的内容包括力量、速度、耐力、柔韧性、灵敏等诸多方面，每项素质都应安排相应的训练方法，分析每种方法间的异同点、优劣势，因为两种甚至多种方法会相互影响，无论选择哪种方法，最终目的都是提高选手的体力，教练应该针对不同的选手采取适当的训练方式。每个选手的训练量和训练强度都不一样，如果机械地运用书中出现的方法，不但没有实际效果，甚至还会受伤。应通过运用大数据进行统计分析，发现运动员与不同的训练方式之间的联系，并选择出一种较好的训练方式。

---

[1] 容博尚. 大数据在体能训练中应用的可行性研究 [J]. 当代体育科技，2021，11（05）：61-62，65.

数字化的优势就是迅速和准确，当运动员不断地适应他们的训练方式时，通过应用大数据处理技术采集到的数据，能够很快寻找出更多的有效训练方法。

三、进行实时监控评价

数字化体能训练评价是为了客观地反映体能训练的成果，验证体能训练效果的方法。在制定评价指标时，不仅要有主观判断，还要有定量、定性的分析，这时候数字化体能训练可以解决这个关键问题。要使体能训练评价体系适应运动员的个体情况，这就需要在大数据条件下进行科学客观的评价。体能是技术和战术发挥的基础和保障，提高身体素质，就需要加强体能训练，体能训练就越来越离不开运动监测。监控不仅要控制训练的最高限度，还要控制训练的最低限度，防止运动员因为过度疲劳而受伤，或者因为身体负荷太少而导致训练效果不佳。每位运动员都有自己的特点，在进行体能训练的过程中的监测也是因人而异的，体能训练的监控就是为了让运动员在进行体能训练时在一个可控的状态下。

数字化体能训练过程中的监控是对训练量与训练强度的监测，一般情况下，通过心率和肌乳酸浓度来推断训练量及强度是不准确的。仅仅根据部分运动员的情况，来观察全体运动员更是不准确的，而数字化身体训练，则是解决这个问题的最好办法。运动员的可穿戴设备利用大数据监控系统，将选手们的实时训练数据及时反映给教练，教练在体能训练过程中可以很好地掌握运动员们的状态，及时调整训练。

四、积极进行放松恢复

放松和恢复是为了消除训练过程中的疲劳，以便更好地应对下一场训练或比赛。而数字化的体能训练也是如此，在完成了训练之后，运动员要做的就是放松和恢复，只有在身体恢复之后，体能训练的水平才会提升 ❶。如果体能训练后不注意身体的康复，不仅无法达到理想的训练效果，还可能导致身体的疲劳。体能训练后的放松和恢复方式多种多样，如按摩、听音乐、补充营养，还有一些物理、化学疗法，上述放松和恢复的方法及措施对运动员的身体恢复有积极的作用，放松恢复对不同项目有不同的效果，不同的恢复手段对不同运动员也会产生不一样的恢复效果。

第三章

数字化体能训练技术手段

第一节　大数据技术

一、什么是大数据技术

1. 大数据的概念

大数据是人类从事社会生产活动和社会生活活动的产物，是人类活动在网络空间内的抽象载体。人类的一切社会活动都会产生信息，信息作为现代社会发展的三大支柱之一，当其爆炸增量超越了人类传统手工记载方式的承载极限时，便会迫切地需要一种工具帮助人类来应对和处理信息冲击，如同英国数据科学家迈尔·舍恩伯格在《大数据时代》所说："大数据并非一个确切的概念。最初，这个概念是指需要处理的信息量过大，已经超出了一般电脑在处理数据时所能使用的内存量，因此工程师们必须改进处理数据的工具。"

进入 21 世纪以来，人类社会生产方式发生巨大变革，在计算机技术的推动下，信息传输量也呈指数型爆发式增长，形成数量巨大且种类繁多的数据流。在生产方式方面，大容量存储硬件、数据服务中心、云计算平台、分布式计算机、社交传播网络、便携式移动终端等，无时无刻不在与数据流之间产生交互，为数据的产生、记录和传输提供了更加便捷的通道。在六度分割理论中，世界上任何两个毫不相识的陌生人，都可以通过中间人搭建起沟通渠道，其中体现的便是信息传递和数据利用。在大数据的加持下，信道搭建成本被不断缩减，中间人的数量也被缩减至 2 人甚至 1 人，所产生的数据集数量却愈发增长。

随着越来越多的计算机设备接入互联网中，人类已经可以在数据生产者和数据使用者之间随心切换，由数据本身所产生的数据将会形成新的数据流，通过各种层出不穷的通信技术再次融入数据洪流之中而被其他互联网用户进行访问利用，由此可见大数据所处的生态环境是一个不断膨胀增长的、无限循环生产的、加速信息交互的虚拟场域。

目前社会各界学者对于大数据的定义看法不一，主要从三个方面对大数据进行定义，分别是属性定义、比较定义和体系定义，其中又以属性定义占多数。国际数据公司（IDC）在 2011 年的报告中将大数据定义为：大数据技术标志着一个技术和体系的新时代，其功能作用是从大规模多样化的数据中依赖快发现、收集、分析等技术提取数据潜在的价值。

2. 大数据的特征

英国数据科学家迈尔·舍恩伯格与库克耶在《大数据时代》中从属性定义的角度出发，将大数据的特征归纳为 4V 特征，即体量大（Volume）、多样性（Variety）、速度快（Velocity）和低价值（Value），后来学者们又补充提出了真实性（Veracity）。

体量大（Volume）是指发现、采集、提取、加工、分析的数据规模大，所占用的储存容量大。据不完全统计，目前人类所产生的所有印刷材料的数据量约为 200PB，历史上全人类所产生的数据量大约是 5EB。对于 PB、EB 的单位含义见表 3.1。

如表 3.1 所示，一个英文字母所占据的存储量为一个字节，一个汉字的存储量为两个字节，普通家用计算机的存储量大多数为 1TB，目前人类所产生的数据总量为 5EB，而根据国际数据公司预测，每年的数据量正以 50% 的速率增长。

表3.1　存储容量单位含义

单位	字节（B）	千字节（kB）	兆字节（MB）	吉字节（GB）	
容量	一个英文字母所占据存储量	1024B	1024kB	1024MB	
单位	太字节（TB）	拍字节（PB）	艾字节（EB）	泽字节（ZB）	尧字节（YB）
容量	1024GB	1024TB	1024PB	1024EB	1024ZB

多样性（Variety）是指数据种类多样，来源多样。来源多样是指数据的采集对象多样化，例如声音、图片、文档、录像、电子邮件、网页等传统信息载体和非传统载体。种类多样是指数据形式包括结构化、半结构化和无结构化数据，传统数据以结构化数据为主，现代数据则以半结构化和无结构化为主。据国际数据公司预测，后续难度较大的非结构化数据将会占据数据总量的80%甚至更多。

速度快（Velocity）是指数据的生产速度快，变化速度快。一个县级市公安局交通管理部门一天的监控数据量可装满数十个硬盘，沃尔玛公司每天所产生的用户交易数量达到2.5PB……面对如此高的数据生产速率，使用快速分析处理技术，才能有效利用数据的时效性，发挥其中的价值。传统的数据分析工具与方法已经无法满足目前数据收集整理的需求量，因此需要不断开发新的算法程序和加工技术。只有加强数据利用能力，才能从浩瀚如烟的数据流中发现更多的可能，从而创造出更多的可能性。

低价值（Value）是指并非所有的数据都蕴含着人类所需的价值。一天的监控量中，所需要的数据可能仅存在几秒钟，尽管数据体量如此之大，却整体呈现价值低密度性。如何在庞杂的海量数据中提取所需要的数据，也是亟待解决的问题。

真实性（Veracity）是后来学者们所补充的数据特征，是指数据所蕴含的信息客观准确，能够真实地反映所记载事物的原本属性，具有可验证性。不真实数据是数据在迭代转化的过程中发生了改变，偏离了正常的数据轨道，需要进行数据清洗和鉴别。随着自媒体时代的兴起，数据真实性在别有用心的炒作下变得岌岌可危，而数据分析所采用的必须是真实有效的数据，才能得出有价值的结论。越真实的数据，在迭代过程中的误差越小，越有利于数据分析，所得到的分析结果越好。

3. 大数据处理环节

大数据并不是现成的产物，是原始的数据源经过加工整理后得来的，整个加工整理的过程被称为大数据的处理环节。大数据的处理环节一共分为五个环节，分别是数据收集、数据清洗、数据分类、数据分析和数据展示，这里用一个简单的数据爬虫过程向大家展示。

第一步为数据收集，是指利用移动设备、APP、信号终端、服务平台等进行数据接收，从而形成一个数量巨大的数据源，管理员可以通过访问程序对数据源进行简单搜索和储存。这类似于在网页爬虫的过程中，先将网页源代码通过【res=requests.get(url,headers=headers).text】代码进行提取，形成一个小型的数据源，网页的所有信息都存储在源代码中。

第二步为数据清洗，在前文中提到数据的真实性，因此在进行大数据分析前有必要对目标数据源进行清洗、辨别、去伪存真，以弥补信息迭代产生的误差。在网页爬虫过程中，经常会遇到一些不相关的符号，分散在即将提取的目标数据之中，那么消除这些不相关的符号便是数据清洗的过程。

第三步为数据分类，数据分类就是根据数据所表现出来的特征进行分类集合，从而在保证数据质量的前提下缩减数据规模。如在网页爬虫过程中，通过【p_time】代码将时间数据进行归类，【p_source】代码将来源数据进行归类，不仅保障数据源的一致性，还可以提升数据利用效率。

第四步为数据分析，是指对数据源内的数据进行分析，以满足数据利用者的分析需求。常见的分析方法有相关性分析、评估分析、聚类分析、预测分析和可视化分析等。在网页爬虫的过程中用得比较多的一般是股票走势分析、K 值预测以及风险评估等。

第五步为数据展示，是指将数据分析的结果进行转化加工，使之能够让其他人理解，实现知识的传递共享。大数据分析的最终目的便是得到有价值的数据信息，通过可视化的方式进行数据呈现，例如关系图谱、词云分布、标签云等等。

二、大数据技术中的前沿热点

1.可视化分析与风险评估

可视化分析技术是在海量数据的基础上，将无数信息连接起来，通过解构和描述数据与数据之间的关系，采用正负相关性、趋势拟合和公式定理等方式呈现样本数据群之间的客观规律与内在含义，并以平铺直叙的方式进行展示。例如购买量与客流量之间的正负相关性，行业热点分布图和知识结构树状图等等。风险评估是继可视化分析后对数据所呈现的相关性进行综合研判，根据样布数据所呈现的趋势特点，在其达到质变阈值之前进行合理管控，以规避风险演化后带来的不可控损失。上到国家战略，下至企业决策，任何政策的实施都伴随着风险，利用大数据分析技术进行风险评估是现阶段主流的手段之一。

2.数据挖掘与并行运算

数据挖掘是指从数据源或数据库中，对海量低价值的数据进行提取挖掘，归纳推理获取其隐藏价值和潜在用途的技术，以实现商业指导和辅助决策。数据挖掘是通过对每个数据进行对比分析，主要分数据准备、推理计算和结果表达三个步骤实现。数据准备是从相关的数据源或数据库中选取所需的数据并通过数据聚合用于数据挖掘的数据群；推理计算则是用科学计量法将数据群所含的规律表示出来；结果展示是尽可能以通俗易懂的方式（如结构图、流程图、瀑布图等）将找出的规律转化表达。数据挖掘的任务模块包含有关联分析、聚类分析、异构分析、群组分析等。并行计算是针对体量较大数据源而采用并联处理的一种运算方法，主要原理是将海量数据源进行切割，交由不同的计算机进行同步运算，实现单个计算机在空间上的组合，达到节省运算时间、提升运算效率的目的。由于大数据的体量大和低价值的特点，数据挖掘和并行计算二者常常结合在一起使用，相较于任务并行计算，数据并行往往更容易实现。

3. 系统建模与机器学习

大数据的复杂性和不确定性使其成为开发利用大数据的关键难题，在实际生活中受制于目标数据的复杂性，难以用一种处理方式满足不同的数据需求。大数据的系统建模，可以从数据需求的角度出发，构建系统模型和特征维度，利用多次测试和迭代优化减少系统误差，从而有效应对大数据的复杂性和不确定性，满足使用者快速高效地获取数据中的有效价值。机器学习是一门多领域的交叉性学科，分为传统机器学习和大数据环境下的机器学习。大数据环境下的机器学习更倾向于深层次的数据挖掘和数据分析，将信息利用效能作为机器学习的主要发展方向，强调"机器学习本身是一种工具"，并朝着人工智能分析方面不断迈进。

三、大数据技术在体育训练中的应用

1. 体能数据管理平台

在互联网还不发达阶段，传统的体能训练是建立在体量小、精度高和准确性强的体能数据基础上，虽然在某一方向上能够发挥实际作用，但受到数据分析人员的知识结构和经验水平的制约性较强。然而在大数据思维的影响下，人们对待问题的思维方式和处理方式已经发生根本性的转变。舍恩伯格和库克耶在《大数据时代》一书中，将大数据带来的思维方式变革总结为三点：一是全数据模式，要分析与事物相关的所有数据，而不是依靠分析少量的数据样本，即总体样本取代随机样本；二是混杂性，应接受数据的纷繁复杂，而不再追求精确性，增加对模糊、不确定和不精确的容忍度；三是相关关系取代因果关系，即不再探求难以捉摸的因果关系，转而关注事物的相关关系 ❶。

基于此，对海量数据应用的前提是能够储存管理数据，将目标数据从数据源中分离提取出来，并按照一定的特征维度进行分仓管理，在需要时能够随

---

❶ 仇乃民. 大数据时代运动训练科学研究的新路径 [J]. 山东体育学院学报，2015, 31（04）: 84.

时调用，以有效提升数据利用效率。

（1）建设目标

体能数据管理平台是为了方便教练团队对运动员或者运动员进行自我训练而组建的数据管理平台，以实现对训练数据的发现、获取和使用。在进行体能训练时，训练的内容与方式的不同，所采集的数据类型便会有所差异。因此，体能数据管理平台应当围绕数据内容、数据类型和平台功能进行组建，兼顾数据访问下载等功能。

（2）组织结构

数据管理平台的建立，一方面既要保证数据来源的可靠性和真实性，另一方面又要确保数据利用的专业性和科学性。因此对于数据管理平台的建设可以从三个方面入手，也是数据产生、加工与利用的三个环节，如图 3.1 所示：

图 3.1　体能数据管理平台组织结构

在图 3.1 中，运动员、教练员和数据分析师形成三位一体的组织结构，并在数据管理平台上实现数据交互。首先由运动员通过便携式智能设备产生训练数据并上传至数据管理平台，根据不同的数据类型形成数据源或数据库；其次是数据分析师根据算法原则分析训练数据中的相关性关系，将数据运算结果提供给教练员参考，提供精准化决策，或通过数据管理平台实时反馈至运动员，形成数字画像；最后，教练员依照决策意见对运动员的训练方案进行适时调整，不断优化训练手段和训练方法，强化训练结果。

（3）系统架构

总体来看，体能数据管理平台可分为四级，即用户登录入口、功能模块、数据总台、管理员入口，如图 3.2 所示。

图3.2   体能数据管理平台系统架构

在用户登录层主要包含身份验证和功能导航服务，在此页面用户可实现平台目录查询、数据预浏览、咨询服务和查询等功能。在功能模块层，用户可详细查看数据信息，例如数据类型、产生时间、产生环境、数据结构等，同时支持数据格式之间的相互转换，以满足不同用户的数据需求。数据总台是根数据所在地，是整个数据管理平台的资源库，由管理员进行数据上传并进行分仓管理，兼顾平台维护和数据库的实时更新。

（4）技术路线

数据管理平台的建设主要有两种路线。一是由各机构单位自行组建，通过底层框架借助 Java、Python 等编程语言自主开发，其优点是自主掌握程序源代码，能够有效保障数据安全，但缺点是技术要求高、投入资金多、制作周期长，一般适用于保密单位和特殊单位等。二是通过第三方专业设计公司采用外包的形式定制开发，或在免费开源的软件上进行二次开发，其优点是周期短、成本小、能够很快形成成果，但缺点是局限性较强、兼容性较差。由于是专项定制，所以仅能在某一领域或方向内满足基础需要，不能与其他数据管理平台形成数据共享。因此，在搭建体能数据管理平台时应当从平台面向用户、拟实现功能、预期功能以及现有技术资金等进行综合考虑。

（5）实现功能

数据管理平台除了具有上述查询、预览和下载等功能之外，还应当立足于数据互联、数据共享和数据安全等方面。在大数据技术的不断应用下，体能数据管理平台应当从片面的、逐级的管理结构向立体的、多维的应用结构转型，形成多设备输入、跨区域传输、多维度应用的开放式平台，组建科研中心、实践单位、数据中心一体化综合应用平台，进一步挖掘数据价值、拓展数据服务功能，使其发挥更高的价值，更好地服务训练对象。

2. 量化分析与评估

大数据分析与评估技术是指借助科学严谨的计量方法和统计工具，对数据库中的源数据进行分析处理，提取有价值的信息并汇总成有效的结论，将其以通俗易懂的方式进行呈现和传递的过程。具体来说就是利用数据分析工具，寻找描述数据管理平台中各数据库之间的关系，通过可视化的表达方式实现资源数据的共享。常见的大数据统计与分析方法有指标分析法、分组分析法、趋势分析法等等，已经在政府决策和商业实践中得到广泛利用，在此介绍几种方法在体能训练中的应用。

（1）指标分析法

指标分析法是最为常用的方法，因其所采用的数据体量较小，只能反映事物局部的情况，例如能力的高低、质量的好坏、训练的进度等，不能提供数据之间的相关性结论，因此常被用来表示某一事物的特征变化和突出变量。在数字化体能训练中，教练员经常需要对运动员的身体状况进行测评，那么如何定义能力的高低与强弱是测评有效性的关键保障，指标的选择和运用便是教练员所必须考虑的问题。在身体素质测评中，运动员的身体素质通常情况下将分解为力量素质、速度素质、耐力素质、灵敏素质等等，通过对这些素质进行阈值设定，只要运动员达到既定的阈值便可获得对应的结论，再将结论通过简单的组合便能形成一个有效的测评体系。综上，指标分析法在数字化体能训练中的优势是数据体量小、计算速度快、结论产出明确，缺点是对指标选取要求高、局限性较大、结论价值有限。

（2）分组分析法

指标分析法是站在宏观角度上对事物的特征进行总体性评价，分组分析法则是在指标分析法的基础上对事物内部组成部分进行进一步挖掘分析，描述事物各组成部分之间的相关性关系。具体来说，就是对指标分析法进行二次细化加工，从事物的影响因素入手，在分组的基础上，运用定量分析的角度对事物内部结构和现象进行观察、记录和分析，进一步揭示事物的发展规律和运行逻辑。举个简单的例子，在数字化体能训练中，影响运动员力量素质因素有很多，如性别、身高、体重、体脂率等等，但这些都是根本特征，难以通过技术手段进行改变。那么便可从身体功能入手，对运动员的生理指标进行量化分析，在进行训练之前采集运动员的各项生理指标，包括血色素、血压、肺活量、血清睾酮、血清皮质醇、血清尿素氮等进行检测记录，在进行阶段性训练时和训练后再次进行监测记录，通过对三次多组数据进行对比观察，寻找各项生理指标的变化情况对于力量训练的正负相关性，从而得出促进或者阻碍的结论。在使用分组分析法时，对于指标的划定要注重互斥原则，不同的组别所采用的指标要尽可能相区别，指标的列举要尽可能详尽，所得出的结论才更有价值。

（3）趋势分析法

趋势分析法是对事物发展状况进行阶段性描述的常见方法之一，主要通过对事物发展情况的连续性观察和记录，经过事物属性特征分类，以扇形图、折线图等方式进行展现。在数字化体能训练中采用趋势分析法能够较为直观地分析出运动员在训练期间内的成绩变化，通过与指标的搭配使用，可以分析出某一指标或多个指标对运动员的影响因素。例如，探究身体激素含量对运动员百米成绩的影响关系，首先需要测定运动员身体激素含量并标定为A、B、C、D，将运动员不同区间内的百米成绩进行记录，得到A1、A2、A3……B1、B2、B3……C1、C2、C3……D1、D2、D3……在同一表格内绘制多次测量的百米成绩，便可得出不同激素含量区间内运动员的百米成绩情况，从而进一步得出身体激素含量与百米成绩的正负相关性。除此之外，趋势分析法可通过环比对比，计算运动员某项能力的增长或降低的幅度，得出相应的变化速率，可作为赛前筹备和战术运用的重要参考依据。

（4）显著性分析法

显著性分析亦称为检验分析，通常情况下是对事物的发展情况做一个初步假设，通过显著性分析来检验假设的成立与否。举个简单的例子，假定随着年龄的增长，运动的握力也在不断增长，这是第一假设；第二假设是雄性激素的增长与握力大小之间成正相关。在验证第一假设时，需要采集不同人群在不同阶段的握力大小并进行纵向对比，显然第一假设是不成立的。在大概率情况下，人的握力在壮年时达到峰值，在幼年和老年时呈现低谷，由此所对应的身体特征关系——骨龄与肌力之间也存在类似的关系。在验证第二假设时，雄性激素的含量与握力之间的关系，可以从年龄相仿、性别不同的人群中进行检测。很明显，雄性激素越高的人，握力越大，这也解释了为什么男性的力量普遍大于女性。从第一假设和第二假设中，可以发现在进行显著性检验时，要注重样本采集与变量之间的关系，不能用同一组数据同时检验多个变量，否则显著性检验便会因为多因素的参与而影响最终的假设结论。

3. 训练监测与评估

训练监测与评估是大数据技术在数字化体能训练中的深化应用，是以数据管理平台为基础，以指标体系为支撑，构成的多层次复杂系统。传统的训练监测大多依赖教练员的经验，受益面狭窄，成果复用困难，难以形成科学化的监测体系。在数字化体能训练中，借助数据管理平台和计算机辅助分析系统，能够对运动员的体能训练实施全过程监测、动态监测和训练强度预警，辅助教练团队制定科学化的训练决策，深度挖掘运动员的训练潜力，保证训练质量，提高训练效率。

（1）训练监测

数字化体能训练监测形式多样、内容丰富，按阶段可分为过程监测和结果监测，按照训练内容可分为生理化监测和运动表现监测，按照监测方式可分为主观感觉和客观检测。

训练过程监测是指对运动员的训练持续状态进行不间断的监测，训练过程是一个动态变化的过程，无论是日常训练、即时训练还是负荷训练，只要产生训练，不论时间长短都应当进行监测并记录。训练结果监测是对运动员训练状态结束时进行的监测，注重的是运动员在训练结束时的生理机能和身体状态所表现出来的客观数据。在进行训练监测时，应当注意到无论是训练过程监测还是训练结果监测，在整个训练监测的过程中发挥主体作用的是教练员而非运动员，只有将运动员的主观感受和训练数据面板结合起来，才能够发挥数字化训练的作用。

生理化监测是对运动员的身体指标进行检测，主要包括呼吸、脉搏、心率、血压、肺活量、体脂率、血糖含量、身体激素等一系列指标。通过生理化监测，主要分析运动员在训练过程中的内在因素和外在因素，探究内外因素对于运动员训练效果的影响。

运动表现监测则是对运动员的身体负荷状态进行监测，其目的是挖掘运动员的身体潜能。将生理化检测和运动表现监测结合起来，并结合数据算法，能够从内在因素分析运动员可能达到的身体机能负荷极限以及预达到的身体状态。

（2）评估分析工具

数据化体能训练中，运动员的体能状态会受到中枢神经机能状况（CNS）、心肺功能（身体疲劳和恢复状况）、能量代谢系统、植物神经系统等多因素的影响。通过无创的测量方式快速获取多项生物学参数，并对运动员的机能和体能状态作出实时的综合性诊断和评估，为教练员安排训练计划及赛前准备提供参考。同时，测试结果可通过云储存和大数据分析等科技手段，实现运动员通过移动终端进行测试和查看结果，并同时对多名运动员的体能状态数据进行管理。这种无创、快捷的体能状态监控方法，为实现运动员的个性化体能训练提供了可能。可以进行长期跟踪的监控，以此反映在一个训练阶段中状态的变化。

目前投入实际运用的体能检测系统为戴尔科技集团在 2020 年进博会上为国家赛艇队和皮划艇队提供的数字化体能监测系统。该监测系统利用运动数据实时分析、动作指引同步进行等场景，展现全方位智能化的划船体能训练系统，运用科技力量武装水上运动项目，提升运动员训练水平、整体竞技水平和竞赛观赏水平。戴尔科技集团利用人工智能技术，凭借高性能计算以及边缘 / 核心计算解决方案，通过视频实时捕捉国家队运动员的训练动作，并做出实时分析和判断，纠正运动训练中动作角度、力度以及稳定性的偏差，帮助赛艇运动员提高训练竞技水平。除此之外还有于 2021 年 11 月在世界互联网大赛亮相的 TRACKING 动态体能评估系统。该系统由东北大学 T-DT 机器人创新团队研发，利用先进的 AI 数据融合算法和大数据处理技术，对人体进行全面分析评估，10 分钟内就能测出一个人的体能和体态，大大提升了训练效率，有力保障了训练安全。

第二节　虚拟现实技术

一、什么是虚拟现实技术

1. 虚拟现实技术的概念

虚拟现实技术产生于二十世纪末期，是一门集计算机图像、人体测量与传感技术、人机接口技术、人工智能技术和仿真技术等众多技术于一体的综合性交叉学科。虚拟现实技术改变了传统的人与计算机之间的单一的、定向的交互模式，现已广泛用于教育教学、医疗救助、国防军事等领域，成为推动二十一世纪发展、最具影响力的计算机技术之一。

虚拟现实是由 Virtual Reality 直译得来，简称为"VR"，顾名思义就是对现实世界的一种模拟仿真技术。VPL Research 公司创始人拉尼尔最先对其定义，并认为虚拟现实是由计算机产生的三维立体式交互环境，用户可以在此环境中选取角色并获得体验。我国著名科学家钱学森根据其语义范围将其命名为符合中国文化背景的"灵境"一词。

目前，学术界的普遍观点认为，虚拟现实技术是以计算机技术为内核，以便携式可穿戴设备为接入口，在计算机网络中形成视觉、听觉、触觉一体化的虚拟空间，实现人与虚拟场景的自然交互并获得真实体验。根据这一定义，虚拟现实技术应当包含三个方面的内容：虚拟现实技术是建立在计算机图形学基础上并且并非真实存在的世界，但既可以是现实世界的真实模拟，也可以是对未来世界的大胆设想，甚至是人类已知却不可见的万物拟合；虚拟现实所模拟的环境是一个可以与人的视觉、听觉和触觉实现自由交互的环境；在虚拟场景中是以人的存在为主导的，人的各项指令将被以数据的形式进行解读和响应，而非虚拟世界的被动观察者。

2. 虚拟现实技术的特征

在 1994 年世界电子年会上，美国科学家 G.Burden 和 P.Coiffet 共同出版的《虚拟现实技术》中，提出虚拟现实技术的三个特性——沉浸感（Immersion）、交互性（Interaction）和构想性（Imagination），合称为虚拟现实技术的 3I 特性。

（1）沉浸感（Immersion）

沉浸感是虚拟现实技术相较于其他计算机技术最为显著的特征，是指通过虚拟现实技术可以使用户在计算机所模拟的场景中感受到与现实世界完全一致的体验，沉浸在虚拟世界中如同成为虚拟世界的组成部分，在接入设备的支持下，实现对虚拟世界的参与。技术发展成熟的虚拟现实技术所创建的虚拟空间与常见的二维世界不同。在虚拟空间中，图像、声音和触觉都是三维立体的，天气的变化、气温的升降以及力之间的相互作用，都可以通过传感器进行模拟实现，一切都显得与现实世界无异。

（2）交互性

交互性是指用户通过输入设备和输出设备可以对虚拟世界内的事物进行自由操控并得到及时自然的反馈。交互性的好坏是衡量虚拟现实技术的重要指标，虚拟现实技术的交互性不同于其他停留在鼠标、键盘等二维输入设备的计算机技术，主要是依赖于便携式头显、传感手套、姿态平衡仪等特殊设备。例如在模拟飞行器的操作过程中，用户通过头显设备、操作杆和平衡仪就可以体验到模拟驾驶飞机的真实感受，在飞机的升降和遭遇气流过程中可以体会到视野的变化以及身体重心的偏移等等。

（3）构想性

构想性是指虚拟现实技术所模拟的虚拟环境是由开发者制造出来的，其目的是通过对客观世界的模拟，在遵循客观世界基本规律的基础上，充分发挥人的主观能动性，对现实世界中难以完成的或存在风险的工程试验和科学假设进行大胆探索，在虚拟的环境中得到感性和理性的双重认识，产生认识上的飞跃。虚拟现实技术的应用，为人类认识世界和改造世界提供了一种全新的方法和手段，可以使人类跨越时间与空间，去经历和体验世界上早已发生或者尚未发生的事件，可以使人类突破生理上的限制，进入宏观或微观世界进行研究和探索，也可以模拟因条件限制等原因而难以实现的事情 ❶。

二、虚拟现实技术中的热点

1. 3D 建模技术

3D 建模技术是对现实生活中的环境和事物进行仿真模拟，虚拟现实技术的最终目的是使用户置身于一个虚拟的环境当中，虚拟环境中的飞鸟鱼虫等各种要素都是由 3D 建模技术完成，建模成果的好坏是评价虚拟现实技术的重要因素之一，可以说 3D 建模技术是虚拟现实的基础技术。成熟的 3D 建模技术应当满足精准度高、操作效率快、成果复用性强和显示性明显等特点。

常见的 3D 建模技术有几何建模、物理建模等。在唯物主义中，世间万物都存在着一定的轮廓，将其不断简化便可以得到一个简单的几何图形。几何建模就是在几何模型的基础上进行数字描述，在虚拟空间中重新定义模型属性（如长、宽、高、角度、斜面等），再将多个物体进行镶嵌融合直至得到目标模型，物体的外观表面采用纹理映射来模拟纹路和光线反射。在常见的建模软件中有自带的模具库，设计人员可以在此基础上进行自主建模，还可采用三维扫描技术对三维物体进行扫描，可以在短时间内获得大量模型数据，大大提升

❶ 李建.虚拟现实（VR）技术与应用.郑州：河南大学出版社，2018.

工作效率。经过几何建模可以勾勒出虚拟环境的形状结构，但仍缺少"质感"，即真实物体的触感、硬度、湿度、塑形程度等物理特性。物理建模则是对物体的物理特性进行模拟，将几何建模和物理建模结合起来，能够很好地增强虚拟世界的真实性。粒子系统是常见的物理建模技术，其原理是将大量的粒子组合起来并赋予其生命，令其在指定的时间内出现，完成移动、组合、变换等命令，用来描述真实世界中爆炸、焰火等无规则物体。

2.全息影像技术

在全息影像技术产生之前，为了实现立体显示效果，人们通常是借助外接设备进行辅助体验，根据人类眼部的结构差异，产生彩色眼镜、偏振光眼镜等被动式立体眼镜法，由于只能在特殊场景并佩戴配套眼镜才能体验立体效果，受制于场景限制和物力成本，全息影像技术这种依靠裸眼即可体验立体视觉的技术将逐渐得到发展。

全息影像技术利用了光的干涉和衍射原理。在第一步中，将光在不同区域和时间段内的强弱分布信息记录下来，并在计算机中模拟其衍射全过程，得到全息图像。第二步则是将全息图像中不同光的衍射光栅所形成的衍射光线叠加在一起，从而形成层次感和立体感。全息影像技术所呈现的影像可以称得上是真正的三维立体影像，使用者不需要佩戴立体眼镜或其他任何的辅助设备，就可以在不同的角度裸眼观看三维立体式影像，并且能够与原物体保持相同的物体特征。

3.人机交互技术

交互性是虚拟现实技术的特征之一，但受制于技术的发展，虚拟现实技术的人机交互性仍旧停留在简单的手势识别、语音识别和面部表情等方面。

手势识别是一种较为常见的人机交互方式，使用者通过特定的手势动作传达给计算机，计算机根据手势挥动的频率、手指的个数和屈伸角度比对数据库的手势信息从而作出对应的指令。目前手势识别的方式主要有数据手套传输和视觉图像识别两种方式，利用数据手套可以准确清晰地记录使用者在空间内的手部活动信息，即便是复杂的连续手势动作也可以做到精准判断，不仅识别精度高而且计算时间短，但数据手套成本造价高，难以推广使用。利用视觉图像进行手势识别，摆脱了数据手套的束缚，拓宽了人的手部活动空间，但对计算机的计算能力和存储能力提出了更高的要求，需要在短时间内拍摄大量图片并进行对比计算，才能弥补时效上的差距，对于图像识别技术也有不小的要求。语音识别相较于手势识别自由度更大，在算法特征上存在较大差异。在语音识别技术中，需要设计人员将带有各项指令的音频数据转换输入到计算机中，计算机则根据不同的音频特征对其进行编码并赋予特定的命令，当计算机识别到类似的音频特征输入时便会根据之前所存储的特征库进行比对，选择最相似的音频特征并执行相应的指令，进而实现人机之间的交互功能。语音识别技术的关键难题是对音频特征的解码编译，由于生理结构的细微差异以及生活环境的不同，人们对一个词语、语句的音调音色皆不同，加之部分地区的方言、俚语和俗语，使得语音识别技术仍旧存在巨大的挑战。

三、虚拟现实技术在体能训练中的应用

1.远程训练系统

体能训练是一门专业性和综合性非常强的运动，既需要花费大量的时间精力，也需要系统翔实的指导讲解，更离不开专业适当的器材。受制于场地和训练需求的限制，传统的体能训练往往集中在集训中心、体育馆和学校等专业培训机构中，除了专业运动员外，人们很难有机会进行专业系统的训练，大多数人往往都是按照自我感觉进行训练，不仅效率低下还存在一定的训练风险，那么如何足不出户就能体验到专业的训练指导呢？远程训练系统的出现很好地解决了这一难题。远程训练系统是指借助虚拟现实技术打造一个虚拟生态训练空间，包含虚拟教练和虚拟体育馆两个部分，使用者在外接设备的支持下，即可体验到与现实生活无异的体能训练效果。

（1）虚拟教练

虚拟教练的实质是一个数据访问平台，类似于电子数据库，只不过是通过增强现实技术表现出来，发挥着实时指导和数据交互的功能。虚拟教练具有

很好的生动性、自主性和交互性。生动性即虚拟教练是通过声音合成技术和三维图像显示技术展现出来，使用者所看到的虚拟教练是一个具有人性化的 3D 拟合图像，加上整合后的影片和声音，使用者可以获得全面的视觉感受，用于向使用者展示训练姿态和示范动作。自主性则是虚拟教练具有一定的智能，可通过 APP 与移动设备端进行连接，通过日历、闹钟等方式为使用者制定合理的训练计划，充当使用者的智能训练管家，发挥私人教练的作用。交互性则是使用者可通过语音指令或终端指令与虚拟教练进行实时交流。通过虚拟教练，使用者可查看近期的训练计划和现阶段的训练进程，并根据自身需要进行修改，也可通过虚拟教练查看其余训练人员的训练状况，通过横向比较快速了解自身训练情况。

（2）虚拟体育馆

虚拟体育馆是虚拟现实技术在运动健身上的具体应用，是对虚拟现实技术"沉浸性"这一特征的深刻体现。与传统体育馆相比，虚拟体育馆目前分为两类，一类是实地 VR 体育馆，人们依旧需要实地前往体育馆，借助馆内的 VR 设备进行运动健身。另一类是完全式 VR 体育馆，人们只需要借助头显设备和配套运动器材，即可在虚拟空间内模拟出一个与现实无异的体育馆。实地 VR 体育馆的优点是馆内的 VR 设备均有统一的维护和管理，运行成本相对较低，且每台 VR 设备都与终端控制台相连，数据传输便捷，可实现多人同时在线体验。完全式 VR 体育馆的优点是不用大兴土木，不占用实地空间，不受天气和环境的影响，突破了空间上的限制，但设备价格不菲，运行和维护成本较高，且完全式 VR 体育馆多属于私人定制版本，虽然也可以自由切换运动场景，但由于缺乏统一的信道和数据端口，难以实现多人线上互动。在虚拟体育馆内，使用者将不再局限于运动器材和运动空间，通过配套设备和虚拟场景便可体验滑雪、骑行、拳击、足球等多项运动，加上数据环境的开放性融于电竞元素，使得体能训练更具有趣味性。

2.康复治疗

运动员在训练备战过程中很容易因为突破自身极限或者保护不当而造成

各种损伤，传统的运动损伤通常表现为身体器官受损、肌肉拉伤等症状，但还有一种心理性损伤时常困扰着运动员们并且其严重程度往往比身体损伤更为严重，如应激性创伤和功能认知暂时性障碍等心理功能缺失。

（1）运动创伤后应激障碍及其干预

运动创伤后应激障碍（Sports Post-traumatic Stress Disorder，简称为 SPTSD）及其干预是由 David Grand 博士提出。David Grand 博士认为运动员所遭受的心理创伤会对其后来在比赛中的表现造成病理性生理和心理后果，通常情况下表现为失误连连、找不到状态、状态低迷的症状。如前文所说，运动员的心理创伤通常来自训练瓶颈导致自身的生理痛觉和心理阻碍，或者是在某项比赛中因为自己的失利而造成比赛失败时所背负的心理压力。当这份心理压力无法经过时间或自身进行排解时，便会在运动员心中产生一种心理障碍，每当类似的场景复现时，心理障碍会不自主地控制运动员，使得反应能力降低，身体机能丧失，从而导致失误连连。

目前针对 SPTSD 的治疗方法主要有认知行为治疗（Cognitive Behavioral Therapy，简称 CBT 干预治疗法）及眼动脱敏和再加工（Eye Movement Desensitization and Reprocessing，简称 EMDR 干预治疗法），但都存在缺陷。前者未抓住 SPTSD 产生的原因所在，而后者则是建立在治疗师经验上的干预疗法。随着虚拟现实技术的出现，可将两种干预疗法进行融合修改，配套现代医疗设备，实现更加稳定有效的治疗方法。简单来说，VR 治疗可分为以下几个环节。在进行 VR 治疗之前需要对运动员进行行为和心理评估，包括运动员的人格心理以及近期生活状况，用来预估运动元素是否需要进行干预治疗以及干预治疗的类型。其次便是了解运动员的心理障碍并帮助其重建心理信息，在这一阶段中，运动员通过头显设备进入虚拟现实世界中，重新回顾心理障碍的形成画面，治疗师可在后台操控中心减轻运动员心理障碍的组成难度，例如减轻运动负荷、减少运动量、降低人群注视，并使用不间断的语言指令加强运动员此时的判断力和控制力，使得运动员能够克服运动阻碍，减少心理障碍带来的负面影响。接下来就是对运动员积极心理的植入，需要治疗师转换虚拟场景，让运动员体验授奖的喜悦，感受鲜花和掌声以及周围人的赞许和喝彩，进一步帮助运动员建立信心，让运动员从内心中认可自己，相信自己。最后是对干预治疗的评估，检验运动员的心理障碍对他的影响，观察运动员对其心理障碍的控制力是否保持在合理的心理区间，是否有足够的判断力使其发挥出正常的实力，否则仍需进行评估治疗循环。

（2）詹森效应

曾经有一名叫丹·詹森的运动员，在平时的日常训练中经常能够发挥出稳定优异的成绩，甚至屡屡突破纪录，但在正式赛场上却连连失利，达不到平时训练成绩，让自己和他人失望。由此人们把这种平时表现良好，但由于缺乏应有的心理素质而导致比赛失败的现象称为詹森效应。与运动创伤后应急障碍不同，运动员在平时的训练过程中并未产生任何的心理障碍，仅仅是在比赛进行时，受到比赛环境和环境氛围的影响，造成身体控制能力下降。产生詹森效应主要的原因是运动员过于看重比赛成绩，担心比赛失利会辜负家人和教练，或者引起周围人的嘲讽，失去比赛信心，从而产生内疚紧张等情绪。对此，利用虚拟现实技术沉浸性的特点，可以完美模拟运动员的比赛场景，对症下药。对詹森效应的干预治疗与SPTSD类似，需要对运动员在比赛进行的每一个场景进行复刻。首先是比赛场景的复现，利用虚拟现实技术使得运动员置身于真实的比赛场景中，感受比赛紧张有序的场景，令运动员产生詹森效应的初步反应。其次是运行员的信心建立和能力恢复，待运动产生呼吸急促、心跳加快的生理反应时，需要操作员及时进行干预，采用心理暗示或者语言引导的方式，例如"你今天的状态看起来好极了""对面的那个家伙已经输了好几场，这次肯定也不例外""放轻松，今天的比赛内容看起来与平时一样简单"等等，不断监测运动员的生理指数变化，引导其完成比赛内容。接下来是对比赛结果的弱化，无论成功还是失败都要淡化比赛结果对运动员的影响，给予适度恰当的反馈，使得比赛的结果看起来并没有运动员所想那么严重。最后是进行实地的比赛模拟和阶段性的VR干预治疗，达到能够有效克服詹森效应带来的影响效果。

因沉浸式VR技术通过大型投影屏幕或头戴式显示器生成VR环境，软硬件技术还不够成熟，所以可能会发生视觉诱导的晕动症，患者表现为头痛、出汗、恶心、呕吐、疲劳及方向障碍等。这是由于视觉与身体所感知的运动不一致所造成的，可能会引发安全问题和其他的健康问题。晕动症是当前沉浸式VR技术需要克服的主要障碍❶。

长时间处于完全沉浸式VR环境会造成彼时知觉与幻觉并置，现实与幻觉间的分界线模糊，使用者乐衷于虚拟的环境和人际交往，过分依赖VR所创造的虚拟世界，产生逃避现实的心理。或者其神经与VR世界相连接，从而迷失自我，忽略真实世界的问题和人际关系，甚至精神意识模糊，产生精神障碍，这使得VR无异于电子毒品。所以使用VR技术进行训练时要合理安排训练时间、使用频次以及训练内容。

第三节 人工智能技术

一、什么是人工智能

1.人工智能的概念

1997年5月，由美国IMB公司制造的超级计算机深蓝（RS/6000SP）击败了久负盛名的国际象棋棋王卡斯帕罗夫，使得智能计算机开始进入大众视野。其实早在1950年，图灵就已经发表了一篇名为《计算机与智能》的文章，通过著名的"图灵测试"，形象地论述了"人工智能"这一概念所应当具备的语义范围，以及人造机器所能达到的智能化标准，亦被现代人作为衡量人工智能的重要参考。

那究竟什么是智能？人工智能到底是什么样的？古今中外的科学家们经过不断地探索，至今都没能得出一个准确的界定。随着人类脑科学和计算机网络科学的发展，人们对于智能的认识开始从不同的角度和方法进行研究，其中

---

❶ 李文惠，黄凯轩，赵立功，等.沉浸式VR技术在认知障碍康复中的应用[J].中国老年学杂志，2022，42（06）：1531-1535.

影响较大的为思维理论和知识阈值理论。思维理论认为，人类的思维过程是建立在认知能力之上的，是认识世界和改造世界的工具库，智能的核心就是思维能力，人类的一切智慧都是大脑的思维活动结果，任何的发明创造都是思维运转的产物，因此，对思维活动的研究就是对智能的研究。知识阈值理论则坚持知识的数量和质量决定着智能化的程度，一个系统之所以被称为智能是因为其具有知识，且具有运用知识的能力，在此基础上将人工智能定义为：在巨大的知识库中能够迅速找到解决问题的最优方法。这一论断在人工智能研究领域中颇有影响力，专家系统、决策系统都是在此影响下发展起来的。

王永庆教授在《人工智能原理与方法》中综合上述观点后认为，"智能是知识和智力的总和，其中，知识是一切智能行为的基础，而智力是获取知识并运用知识求解问题的能力，即在任意给定的环境和目标条件下，正确制定决策和实现目标的能力，它来自大脑的思维活动 ❶。"

因此，人工智能的含义应当可以概括为用人工的方式使得人造机器具有人类的思维方式或者思考能力，或者是在机器上尽可能地模拟人类思维的运行过程。发展至今的人工智能已经成为计算机学科的一个分支学科，被认为是"企图了解智能的实质，并生产出一种新的能以人类智能相似的方式做出反应的智能机器，该领域的研究包括机器人、语言识别、图像识别、自然语言处理和专家系统等"。

2. 人工智能的特征

人工智能之所以区别于人造机器，是因为人工智能具有接近人的思维和能力，在人工智能的研究过程中，是否具有以下特征成为鉴别人工智能的重要依据。

（1）具有感知能力

人工智能的外在表现之一就是能够与人类实现自由交互，因此人工智能应当具有一定的感知能力。感知能力包括视觉、听觉、嗅觉、触觉等能力，感

---

❶ 王永庆.人工智能原理与方法.西安：西安交通大学出版社，2018.

知能力是人类获取信息的重要途径，绝大多数的信息都是人类通过感知能力接受并通过大脑加工产生的。受制于目前的科技水平，目前的人工智能感知能力主要集中为视觉感知和听觉感知。

（2）具备思维能力

思维能力是人之所以智能的根本原因，涵盖了理解力、分析力、比较力和判断力等，是一个综合性概念。在马克思辩证唯物主义观点中，将思维能力理解为人类从感性认识到理性认识再到实践的两次飞跃。在第一次飞跃中，人们从客观世界中具体的事物中总结发现客观规律，形成对世界的抽象认识。第二次飞跃中，利用客观规律对世界进行改造，并不断修正客观规律。在此过程中便形成了人工智能的初步智能化过程，从知识的输入积累，形成事物发展的规律，根据事物的发展规律和内在特征进行分类汇总，直至具有自主分析判断能力。

（3）具备学习能力

第一次人工智能低谷的原因之一就是无法解决新的复杂问题，不能适应环境的变化而遭到停滞。反观在人类的进化过程中，具备学习能力是人类从人猿进化至今的主要原因，因此处在人工智能研究的新热潮中，是否具备自主学习能力是人工智能是否被时代垂青的重要指标。

二、人工智能的重要领域

1. 专家系统

人工智能领域内的专家系统截止到目前为止并没有一个标准化的概括，但在通常情况下应当具有以下特征：① 专家系统是一个智能系统，能够进行简单的人机交互和模式识别，能够理解人类的指令并作出相应的反应；② 专家系统内蕴含着高质量和高数量的某专业领域知识；③ 专家系统能够根据自身具备的知识模仿人类专家进行推理思考，以解决某领域内的复杂问题，具有与人类专家的同等级水平。海叶斯·罗斯等人以处理问题的类型将专家系统分为十类，具体有解释型、诊断型、预测型、设计型、规划型、控制型、监测型、维修型、教育型和调试型。王永庆教授在《人工智能原理与方法》一书中，根据专家系统的体系结构将其分类为集中式专家系统、分布式专家系统、神经网络专家系统和符合系统与神经网络相结合的专家系统。

一般情况下的专家系统由六个功能模块组成，分别是人机交互模块、知识解释模块、知识推理模块、知识获取模块、数据库管理模块和知识库管理模块。人机交互模块主要承担指令输入和结果展示功能，此模块对输入时要求具有较高的模式识别功能，例如手势识别、自然语言识别和多触屏识别等等，在输出方面则尽量做到化繁为简、通俗易懂。知识解释模块则是承担着对运行过程和运行结果记录及反馈功能，例如对结论的出现和最优解的选择都由知识解释模块完成。知识推理模块则是专家系统的核心模块，是衡量一个专家系统好坏的重要指标。知识推理模块主要由搜索程序、匹配程序、计算程序等组成，是对知识库中的知识进行推理运用，因此，推理模块并不会对知识库中的知识数量和质量造成影响，是一个相对独立的功能模块。知识获取模块则是知识的来源渠道，其主要功能是把人类世界中现有的知识转化为电子信息，并按照成体系的结构进行储存。在知识获取模块中会对库内的知识体系进行不断扫描，以求得系统运行时知识结构的完整性和系统性。数据库管理模块类似于知识处理的操作空间，当推理模块从知识库中获取解答用户所需要的原始知识时，会在数据库中进行推理并留痕，数据库则负责记录整个推理过程并向用户进行展示，解答用户"为什么"的问题。

专家系统的结构组成可以简单概括为上述内容，但关于专家系统的建设、运行、评估等仍然是一个复杂的过程，不仅需要扎实的技术理论，同时也需要运行实践来补充其知识完整性。现阶段的专家系统已经广泛用于医疗、环境资源和工业制造等知识体系庞大且实践性强的领域当中。

2. 机器学习

学习是自然社会中一种常见的自然现象，不仅人类具有学习的能力，动植物也具备学习的能力，只不过动植物的学习能力是一种比较低级的、简单的能力（以目前的人类认知水平），而人类的学习之所以高级，在于学习能力的延续性和传播性，但这依旧花费了人类上万年的时间。那么，提升人类的学习效率的方法，除了进行脑科学探索外，另一种方法便是将人类的学习能力"复制"到人类所创造的机器中，让机器也具备学习能力，从而代替人类的部分学习能力，为继续探索世界创造可能。因此，机器学习的定义从出现时便被定义为：使得计算机能够模仿人的学习行为，自动地通过学习获取知识和技能，不断改善技能、使用环境、实现系统的自我完善❶。

机器学习的三个特征为：① 具有一定的学习能力；② 能够根据所学的知识解决问题；③ 能够提高自身系统的性能。现阶段关于机器学习的研究也主要面临三个发展方向：一是关于人类学习能力的形成过程，这是对人类学习能力形成途径，即人类获取知识、理解知识、使用知识形成机理的研究；二是人类在学习的过程中对于各种本领的掌握，从而建立适合计算机的独特算法模型；三是根据特定的研究领域设计特定的学习系统，通过机器学习拓宽该领域的广度和深度。

按照学习方法对机器学习进行分类，可分为机械式学习、指导式学习、归纳学习等。机械式学习如同人类幼童在接触启蒙学习时，由于理解能力达不到而对一些概念无法理解，只能死记硬背，这一学习的过程是不需要思考的学习过程，也是一种简单的学习过程，主要的目的就是将从外界获取的知识存储到知识库中，需要使用时直接进行调用即可。指导式学习又称为示范学习，主要表现为从外界或者第三方中获得一个新的知识概念，经过传授理解或者自身理解形成新的知识，并与原有的知识概念进行融合，产生新的知识结构。相较于机械式的学习方式，指导式学习需要一些理解能力，也就是使用计算能力来对新产生的知识进行校验以减少知识冗杂。常见的归纳学习是指给予计算机某一概念的全部举例，令其通过所举例子产生一个新的概念，并使得所产生的概念具有可检验性。例如：假设集合 A 中有无数个集合 B，集合 B 中有无数个集合 C，那么得出结论——集合 C 在集合 A 中。

以上只是对机器学习进行一个简单的介绍，现如今，随着越来越多的人

---

❶ 王永庆.人工智能原理与方法.西安：西安交通大学出版社.2018，08：352.

投入到机器学习的研究当中，已经呈现出不少性能优良的机器学习系统，而关于机器学习的新理论、新技术和新应用还有很多等待人类去解决。

三、人工智能在体能训练中的应用

1. 创建智慧体能训练的专家系统

（1）数字化体能训练专家系统创建的原则

① 能够准确地把控本领域内的问题边界。体能训练专家系统是面向数字化体能训练的知识宝库，因此要准确定位该领域内的问题需求，既不可过大，也不可过小。范围太大会增加知识的储备量，影响结论产出的效率；范围太小则容易造成结论偏差。因此对于知识库的边界划定可以从系统的设计目标和本领域现有水平进行搭建。

② 知识体系要求完备。知识的储备量是专家系统的基础，也是衡量一个专家系统的关键性指标，专家系统要达到甚至超越本领域内专家水平，则必须拥有完备的知识体系。例如，数据化体能训练所涉及的生物学、生物化学、管理学、人体结构学、高等数学等学科基础。其次，完备的知识体系不仅要求知识的数量，更要求知识结构的逻辑性、一致性和进步性，即知识库中的知识也要进行不间断的更新。在建立知识库时需要设计知识补丁包、校验包，使得系统在运行的过程中能够与时俱进，具备自我校正和补充知识的能力。

③ 恰当合适的结论表达。不同的专家系统解决不同领域内的问题，因此结论的表达形式也不尽相同，因此，需要充分考虑适合本领域内的解决方式。例如，在数据化体能训练的专家系统中，对于训练对象的能力测评结果可以用属性表或雷达图表示；对于训练建议可以生成计划表和周期图；对于训练结果可以用生成考核方案和考核标准等等。

④ 拥有良好的人机交互功能。专家系统建立的目的是解决本领域内的专业性问题，因此专家系统交付使用的用户既可能是研究型学者、高校教师、现役运动员，也可能是体育爱好者等。因此，数字化体能训练的专家系统应当避免复杂的操作方式，具备良好的人机交互端口，支持多功能的输入方式，以便

建立起良好的交互环境。

（2）数字化体能训练专家系统的设计过程

专家系统是一个计算机软件系统，因而对它的开发也存在一个生命周期的问题，称之为知识工程的生命周期[1]。数字化体能训练专家系统的具体建设步骤如下：

① 确定需求，构建系统蓝图。首先需要确定数字化体能训练专家系统的建设目标和拟解决任务。其次是确定专家系统所应当具备的功能、能够发挥的效能等。然后是专家思路的模拟程度，这是专家系统的关键所在。在这个环节中需要体能训练领域内的专家参与实地设计，以确保建设目标的可行性和实用性。最后是系统运行环境，这里的运行环境既指根据用户种类的多样性和需求多样性设计不同的样式，也指系统运行时各类软、硬件环境，以便确定系统的构建蓝图。

② 总体设计，明确系统框架。首先确定所搭建系统的类型，根据前文中海叶斯·罗斯等人的分类方式将专家系统分为十种类型，但这是以专家系统的结论类型进行的分类方式，现阶段的专家系统已经不再局限于其中的某一个或两个类型，而是以功能为导向的复合型专家系统。因此，搭建专家系统的首要任务就是明确专家系统的类型。其次是确定系统的运行框架，即系统的模块组成。根据系统的设计目标和处理方式，在六大模块的基础上进行删减。例如，为确保知识结构的完整性和数据理论的先进性，增加工具库、云盘等。最后是设定问题求解方式。问题求解可以从两方面入手：一是对问题的分类梳理，根据问题的内涵预计解惑类型；二是对知识进行分类，根据知识的类型，匹配相关的问题请求。

③ 获取知识，组建知识宝库。专家知识获取的渠道多种多样，最为简单有效的方法是直接与领域内的权威专家进行交流访谈，但缺点是需要权威专家的长期参与，耗时费力。其次是借助互联网直接下载即可，但需要对所下载的数据进行转化，便于系统进行上传。最后是从纸质书籍中获取，但需要对

---

❶ 王永庆.人工智能原理与方法.西安：西安交通大学出版社.2018，08：325.

所获取的知识进行二次加工，总结知识与知识之间的联系，方便数据检索和运用。

④ 维护修正，确保平稳运行。系统的投入使用离不开修正与维护，在进行维护修正时要对症下药，不能胡子眉毛一把抓，造成系统的二次损伤。随着知识与技术的更新，系统之前的设定语义、匹配规则、求解策略和推理方式等都可能发生变化，因此对系统进行定期维护和修正是十分必要的。

2. 基于人工智能的体能教练系统

数字化体能训练专家系统拟解决体能训练中前沿性、复杂性问题，但并不是所有的体能训练问题都依靠专家系统解决，这如同在体育运动中，既有承担研究前沿先进理论的专家学者，也有负责传播基础知识的教练讲师，数字化体能训练专家系统的蓝图已经绘制，基于人工智能的体能教练系统也应当着手实施。与专家系统不同，体能教练系统在体能训练中发挥着数字教练员的作用，负责基础性的训练指导工作，主要有：对受训对象的身体素质和运动能力进行评估；实时监测受训对象的技术动作和运动状态；提供针对性意见和改进方案。

（1）功能评估

现阶段，对于运动员的能力评估大多数情况下依旧是依赖人工评估，但是这种通过肉眼观察直觉经验决定的评估方式很难对运动员的能力进行准确的评估。究其原因，一方面是缺乏专业的评估人员，另一方面是未能形成统一的评估标准。

对此，基于人工智能的体能教练系统应当从运动员的客观身体素质出发，结合人体机能负荷极限，给定合理实际的评估结果。体能教练系统内置智能评估功能，使用者在评估页面中可以将自身参数（身高、体重、年龄）输入至评估系统，选择合适的评估方式（有氧运动、无氧运动、室内运动、室外活动等）生成评估方案。使用者根据评估方案进行能力评估，将完成的进度和时间再次输入评定系统，由体能教练系统给出合理的评估结果。

（2）实施监控

运动员的运动技术决定运动表现，而运动表现又反映了运动员的运动能力。NBA运动员在进行投篮训练时，会将整个投篮动作分解成数个步骤，如身体重心的摆放、跳跃的高度、手臂屈伸的程度、手腕发力的多少，将这些细小的步骤不断地重复练习才可能达到百分百投篮。因此，在体能训练中更要关注运动员的技术动作是否标准，只有标准的技术动作才能达到预期的训练效果。

在目前主流的运动手表、智能手环等运动装备中，大多数是通过显示数据来记录使用者的运动状态，包括距离、配速、心率等，但却难以表达使用者运动技术的好坏。这类表征运动直观结果的数据类型归为运动表现，能够帮助运动者更有计划性和娱乐性地完成跑步活动，但是对跑步技术的提升却无法起到支撑作用。研究表明，跑步过程中的数据类型，如脚落地模式（Foot Strike Type，FST）、地面接触时间（Group Contact Time，GCT）、竖向摆动（Vertical Oscillation，VO）以及膝关节屈伸角度等，则反映了跑步的技术动作，而这些技术动作不仅影响跑步的运动表现，也是跑步中预防运动损伤的关键因素❶。综上所述，人工智能领域内的体能教练系统应当充分发挥技术优势，力争在运动技术评估能力得到突破，使得运动员在注重"量"的同时，也注重运动的"质"。

（3）科学反馈

在进行实时监测后，体能训练系统将监测过程中的数据进行分析，生成科学合理的反馈建议，帮助使用者实现既定的训练目标，具体可分为以下几个步骤：① 通过使用者身体上所佩戴的传感器记录运动时所产生的各项数据，传感器应当是配套使用的多部位传感器，使其产生使用者在某一时刻的全部数据，方便之后的数据分析；② 将所有的数据进行计算，对比数据库中所记载的标准技术的数据；③ 采用振动或声音的方式将反馈信息传递给使用者进行纠正。

无论是在运动员的训练监测还是训练评估中，除了发挥体能教练系统精准化和科学化的优势，还应当提高其工作效率。一方面可以借助物联网的技术优势，将体能训练系统与多个运动员的传感器系统结合起来，形成一对多的训练效果，大大减轻教练员的教学压力。另一方面是通过智能辅助机器人，以更

❶ 刘昊扬.基于人工智能的运动教练系统分析与展望[J].北京体育大学学报，2018，41（04）：58.

加主动的方式帮助运动员纠正错误动作，进一步提升训练效率。

3. 依托机器学习的体能数据分析

在前文中，已经简单了解到机器学习的基本概念和种类。机器学习在人工智能领域中得以广泛应用的原因在于其蕴含着许多数学模型，借助其中的数学模型可以帮助人类处理现实生活中海量的数据并得出最优解。现在以LightGBM 算法为例，说明其在数据分析中的运用。

（1）LightGBM

LightGBM 是轻量级（Light）的梯度提升机器（GBM），是 Boosting 算法的新成员，由微软公司开发，是 GBDT 模型的另一个进化版本。它和XGBoost 算法一样是对 GBDT 算法的高效实现，在原理上与 GBDT 算法和XGBoost 算法类似，都采用损失函数的负梯度作为当前决策树的残差近似值，去拟合新的决策树。但它延续了 XGBoost 的那一套集成学习的方式，相对于XGBoost，具有训练速度快和内存占用率低的特点。

（2）LightGBM 的优缺点

优点：

① LightGBM 采用了直方图算法将遍历样本转变为遍历直方图，极大地降低了时间复杂度；

② LightGBM 在训练过程中采用单边梯度算法过滤掉梯度小的样本，减少了大量的计算；

③ LightGBM 采用了基于 Leaf-wise 算法的增长策略构建树，减少了很多不必要的计算量；

④ LightGBM 采用优化后的特征并行、数据并行方法加速计算，当数据量非常大的时候还可以采用投票并行的策略；

⑤ LightGBM 对缓存也进行了优化，增加了缓存命中率，内存更小。LightGBM 采用了直方图算法将存储特征值转变为存储 bin 值，且不需要特征值到样本的索引，降低了内存消耗；LightGBM 在训练过程中采用互斥特征捆绑算法，减少了特征数量，降低了内存消耗。

缺点：

① 可能会长出比较深的决策树，产生过拟合，因此 LightGBM 在 Leaf-wise 之上增加了一个最大深度限制，在保证高效率的同时防止过拟合；

② Boosting 族是迭代算法，每一次迭代都根据上一次迭代的预测结果对样本进行权重调整，所以随着迭代不断进行，误差会越来越小，模型的偏差会不断降低，所以会对噪点较为敏感；

③ 在寻找最优解时，依据的是最优切分变量，没有将最优解是全部特征的综合这一理念考虑进去。

（3）LightGBM 模型的实际应用

① 数据准备。首先通过线下测试，得到一千名测试者在某一训练时期的训练数据，通过使用算法模型来判断这些测试者是否还需要进一步训练，并通过 Python 语言建立了 GBDT、XGBoost 和 LightGBM 三种机器学习模型的横向比较，以确保测试结果的准确性和可靠性。建模过程如图 3.3 所示：

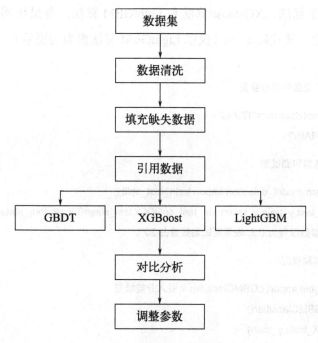

图 3.3　建模过程示意图

　　该数据集中有 1000 条数据，290 条有价值的可操作的数据，其中包括 43 条无效数据。数据集包括 8 列变量信息，其中训练为目标变量，用来表示该人是否需要进一步训练（用 0 和 1 进行表示）。根据变量的不同含义，变量大致可分为四类：人员基本信息、培训信息、身体素质信息和目标变量。

　　② 数据运算。通过查看数据的总体信息，可以发现有一个缺失的值，并使用这个平均值来填充缺失的值。数据集中标签的阳性样本数量几乎等于阴性样本的数量，如表 3.2 所示，其中标签 1 表示需要再训练，0 表示不需要再训练。

表 3.2   标签数量表

标签	数值
0	143
1	104

　　③ 数据校验。将数据集分为训练集和测试集，其比例为 4∶1。所采用的算法有 GBDT 算法、XGBoost 算法和 LightGBM 算法，并采用网格调整参数法来表示参数。其代码如下：（仅以 LightGBM 算法模型为展示）

```
# 提取特征变量和目标变量

X=data.drop(columns="TRAIN")
Y=data['TRAIN']

# 划分训练集和测试集

from sklearn.model_selection import train_test_split
X_train,X_test,y_train,y_test=train_test_split(X,Y,test_size=0.2,random_state=123) #test_
    size 的参数设置为 0.2, 表示测试集数据占 20%

# 搭建训练和模型

from lightgbm import LGBMClassifier # 引入分类模型
model=LGBMClassifier()
model.fit(X_train,y_train)
```

```
# 模型评估和预测

y_pred=model.predict(X_test)

print((y_pred))

# 以下代码汇总实际值和预测值，以便进行对比

a=pd.DataFrame() # 创建一个空 DataFrame
a[" 预测值 "]=list(y_pred)
a[" 实际值 "]=list(y_test)

# 查看模型整体的预测精准度

from sklearn.metrics import accuracy_score
score=accuracy_score(y_pred,y_test)
print(score)

# 绘制 ROC 曲线

y_pred_proba=model.predict_proba(X_test)
from sklearn.metrics import roc_curve
fpr, tpr, thres=roc_curve(y_test, y_pred_proba[:,1])
import matplotlib.pyplot as plt
plt.plot(fpr,tpr)
plt.show()

# 计算模型的 AUC 值

from sklearn.metrics import roc_auc_score
score = roc_auc_score(y_test.values, y_pred_proba[:,1])
print(score)
```

④ 分析结果。预测测试集数据，以查看所有测试集数据的准确性。输入代码查看模型的总体预测精度如下：GBDT 模型 0.86，XGBoost 模型 0.86，LightGBM 模型 0.96。基于 GBDT 的测试集的 AUC 值为 0.8596，基于 XGBoost 的测试集的 AUC 值为 0.8661，基于 LightGBM 的测试集的 AUC 值为 0.9835。（AUC 值是 ROC 曲线与坐标值围成的面积，取值范围一般在 0.5～1.0 之间，AUC 值越接近 1.0，表明数据模型的真实性越高。）

⑤ 得出结论。可以发现 GBDT 和 XGBoost 的精度相似，且 LightGBM 的精度最高，远远优于 GBDT 和 XGBoost。根据三个模型的 AUC 值，可以得出 LightGBM 曲线更接近 y 轴（接近于 1.0），说明在相同的阈值条件下，预测精度越高，无需再训练的概率越低，模型越完美。

第四节　其他数字化技术

一、物联网技术

1. 什么是物联网

2005 年 11 月 17 日在非洲北部国家突尼斯召开的信息社会峰会（WSIS）上，国际电信联盟在物联网报告中正式使用了"物联网"一词。不过，国际电信联盟在当时并没有明确指出物联网的概念是什么，只是描述了这样一种场景：在物联网的时代，通过在各种各样的日常用品上嵌入短距离移动接收器，人类在信息与通信世界里将获得一个新的沟通维度，从任何时间、任何地点的人与人之间的沟通链接扩展到人与物和物与物之间的沟通连接[1]。

到目前为止，对于物联网的定义并没有一个统一的说法。我国政府在 2010 年 3 月的政府工作报告中将物联网注释为："物联网是通过信息传感设备、按照约定的协议，把任何物品与物联网连接起来，进行信息交换和通信，以实现智能化识别、定位、跟踪、监控和管理的一种网络。它是物联网基础上的延伸和扩展的网络。"通过该定义，不难总结出物联网的特点：以计算机网络为基础；可自主识别与建立通信；具备智能化。这三个特点与后文中智能传感器有着相似之处，因此，在本节中的物联网概念均以上文注释为主。

从 2005 年物联网的提出到现在，物联网的发展才经历了二十年的光阴，却取得了巨大的成果，这得益于各国政府对物联网发展的重视，不惜投入大量

---

[1] 田景熙. 物联网概论. 2 版. 南京：东南大学出版社. 2017.

的人力、物力与财力。同时物联网相关技术的蓬勃发展也影响着物联网的发展程度，其中影响力较大的便是频射识别技术、无线传感网络与智能传感器。

（1）频射识别技术（Radio-frequence Identification，RFID）

频射识别技术的基本原理是利用无线频射方式，通过无线频射信号对数据进行读取，形成一种非接触式的双向通信，从而实现对目标物体的快速访问。频射识别技术是物联网的基础技术，是实现物与物之间相连接的基本保障，因此，频射识别技术也是发展相对成熟、应用较为广泛的基础性技术。常见的频射识别技术有公交智能卡、门禁卡等等。

（2）无线传感网络（Wireless Sensor Networks，WSN）

无线传感网络，是由一个或多个智能传感器和无线网络组成的分布式传感网络。在传感器和无线网络所覆盖的空间内，可实现对观测对象不间断的数据读取和数据记录，监测区域内对象的实时状态并通过所搭建的信道传给终端设备。无线传感网络因其可移动、传输距离广、传输速度快而被应用于环境监测、安全监测等领域。

（3）智能传感器（Smart Sensor）

智能传感器虽然并不是物联网技术下的直接产物，但在物联网的发展中却扮演着重要角色，其既是频射识别技术的移动载体，也是组成无线传感网络的基础终端。智能传感器通常是指具有数据采集、数据处理以及数据传输能力的微型集成化可移动设备，与传统的温度传感器、压力传感器相比增强了在稳定性和功能上的优势，突出了在智能化上的特点，降低了整体的复杂性，提高了稳定性。

2. 物联网在数字化体能训练中的应用

物联网的迅速发展已经在许多行业中得到广泛应用，随着万物互联理念的提出，越来越多的科研单位和商业巨头将物联网产品向精准化、区域化、智能化的方向发展，形成了智慧农业、智慧生活、智慧交通等新型生活生产方式。体能训练在物联网技术的推动下，也逐渐显示出向数字化迈进的趋势，从训练装备的研发佩戴到体域网络的搭建运用，再到体能训练指导平台规划投入，这一系列的理念和设想正一步步地变为现实。

（1）智能可穿戴设备

自谷歌公司推出智能眼镜之后，关于可穿戴智能设备的研制便一发不可收，这种运用嵌入式工艺，带有部分计算能力的轻型可移动设备很快就在运动训练领域中流行起来。因其能够与人的手腕、脚腕等部位完美结合，既不会影响训练形态，也能辅助训练的智能设备，很快便引起运动爱好者和各大厂商的注意，一时间能够辅助运动训练的智慧产品应接不暇。

① 智能运动衣。某公司于 2014 年推出了一款新型的运动服饰，该运动服饰将传感器加工到衣服布料中，利用背部的传感器收集使用者的心跳速率，通过配套的信号发射仪和集成传感器将数据传输至手表上，供使用者参考使用。由西北工业大学的王学文教授及其团队所研发的柔性纤维应变传感器也已经取得了实质性的进展，这种柔性纤维应变传感器是以新型 PU 材料为基础材料，经过纺织加工成运动内衣，可以实现对人体运动状态的实时监测。此外，还有公司生产出一种智能袜子，可以帮助用户更精确地监测行进步数。这种袜子本身采用了具有压力传感器的面料，数据发送至脚环上并传输至智能手机应用中，不仅可以用来监测使用者的跑步姿态，当遇到脚部损伤需要进行治疗时，还会自行分析进行预警，来提醒使用者校正跑步姿态。

② 智能运动手环。智能运动手环是目前最普遍也是应用较为广泛的智能穿戴设备，虽然目前市面上的手环样式各种各样，其功能却是大同小异。如某公司研发的智能手环，不仅内置三轴传感器，还搭载了蓝牙传输模块，实现了蓝牙耳机和运动手表的完美结合。这款智能手环可以记录使用者一天的步数、运动时间，在心率监测方面可以精细化识别心律不齐、提供房颤和早搏筛查等，在睡眠健康方面可以记录睡眠时长和睡眠程度。除此之外，通过与手机 APP 的连接，可以获得更好的运动指导和精细化的训练方案。

（2）体域网

现如今，人们身上可携带的电子移动产品非常多，如移动手机、蓝牙耳机、智能手表以及智能眼镜等等。这些电子设备已经逐渐成为人类生活中必不可少的辅助设备，在一定程度上发挥或者强化人类的器官功能。将这些电子移动设备通过一个移动网络连接起来，同人体本身形成一个移动网络数据中心，便形成了体域网（Body Area Network，BAN），亦称为身域网、个域网。

体域网最先是在医疗康复行业中发展起来的，最初的作用是用于老年慢性病的生理变化检测和预警。随着智能运动装备的出现和升级，也逐渐发展出以运动监测为中心的体域网，但尚在理论研究阶段，并没有具体的实物产品。一般来说，以运动监测为主的体域网结构在理论上主要由三部分组成，分别是传感层、数据处理层以及功能实现层。传感层是由各式各样的微型传感器组成，通过植入或佩戴等方式与人体表面进行贴合，帮助收集使用者的各项生理数据和运动数据。数据处理层则是由移动终端或微型处理器构成，除了对每个传感器进行连接和控制外，还兼具数据格式转换、数据再处理和数据存储等功能。功能实现层则是由屏显设备组成，其主要功能是直观反映使用者在某一训练时期的状态参数，例如身体摆幅、步伐频率、消耗能量等数据。

体域网是可穿戴设备、智能传感器以及无线网络的深度融合，其功能相较于单一的可穿戴设备更加全面，场景适应性更强，但缺陷也十分明显。一是体域网依赖传感器进行数据收集，这就要求传感器需要同时具备体积小、灵敏度高、重量轻以及功耗小的特点，这对于传感器的技术研发提出了不小的挑战。二是设备的可持续性和舒适性使其对于材料和能源的选择也是一个不小的难题。三是网络通信协议的规范性和安全性，必须严格限定数据使用的访问权限，保障使用者的隐私。

（3）基于物联网的体能训练平台

基于物联网的体能训练平台是融合了云计算、大数据技术等一系列的数字化技术手段，以物联网运动馆为中心场所，通过物联网训练设施实时采集使用者的训练数据和生理数据并将其上传至数据云台和专家库。一方面经过数据云台和专家库的科学定义、智能分析、合理决策及精准评估，生成具有针对性和实践性的指导方案；另一方面与众多运动爱好者搭建横向交流竞争平台，最终形成一个集合运动训练、运动指导、交流竞争的新型化运动平台，如图3.4所示。

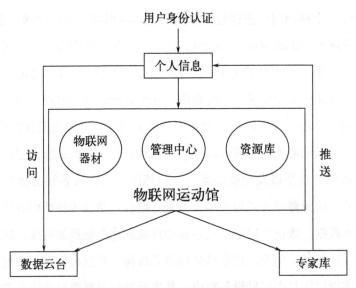

图 3.4　物联网运动馆结构示意图

进入物联网运动时代，使用者的个人信息将会存储到移动介质中，作为一个便携式可移动的数字证书，用户通过物联网运动馆内的终端进入运动系统便可进行访问。该数字证书同时拥有一个唯一的 ID 识别码，即使未带数字证书也可输入密码确认登录，如图 3.5 所示。

图 3.5　运动系统登录页面示意图

使用者进入个人页面后，便可使用系统所提供的各项功能。

① 在个人信息界面，使用者可修改个人信息，以便选择合适的训练方案，每次的数据修改经过确认上传后便会生成使用者某一阶段的身体属性变化图，使其清楚直观地了解到当前身体状况。

② 在运动状况页面中，使用者可看到最近运动的项目、器材、组数和运动时长等信息。在物联网运动馆中，每一个训练设施都具备 USB 端口，使用者将数字证书插入端口中便可实现自动登录并开始记录训练数据。

③ 与互联网连接的运动器材可实现与线上好友的运动 PK，在竞技页面中，使用者通过平显设备选择 PK 项目后便可发起 PK 邀请，实现与线上好友的共同运动。

④ 在健康监护页面中，将会显示使用者今日能量摄入情况，与专家推荐的饮食计划形成目标进度，并对当日饮食情况作出评价。

⑤ 可在运动广场中寻找感兴趣的运动群组，进入运动群组与其他运动爱好者共同完成运动计划，分享运动心得。

物联网技术下的体育运动已进入一个全新的发展模式，从可穿戴设备到体域网再到物联网体能训练平台，人们对于运动训练的理念和方式在不断发生改变，人们的运动空间在不断扩大，运动距离在不断缩小，技术更加先进，服务更加方便，设施更加完备。将科学技术转化为人类进步的加速器和催化剂，是人们不断探索的初心，也是人们目前奋斗的目标。

二、仿生技术

1.什么是仿生技术

仿生，顾名思义就是模仿学习动植物的生活习性和机体结构，从而为人类服务的一门学科，是生物学和工程技术学相互融合孕育出的一门新兴学科。

仿生学虽然是一门新兴的学科，但仿生技术的使用早在数万年前就出现了。在原始社会时期，人类就已经开始模仿学习自然万物生存的本领，从四肢行走到直立行走，不仅仅是人类进化的标识，而且相较于同属的灵长类动物，直立行走更能够节省体力且移动速度更快。人们在长期的生存中逐渐掌握了奔跑、跳跃、攀岩、游泳等赖以生存的基本技能，才能在原始社会顽强存活下来。后来，人们更加注重对动物的模仿学习甚至演化为宗族图腾，以模仿动物的形态催化出的形体动作也屡见不鲜。由我国东汉末年医学家华佗所创的五禽戏，就是由前人的《导引图》发展演化而来的。

随着科学技术的发展，人们对于仿生的运用已经不再局限于动物习性的模仿，而是由表及里从动物的运动机理和生物构造层面进行深入研究。例如仿生制造业、仿生纺织业、天然药物分子结构、神经元结构和神经网络等等，都是人类从不同层面对仿生技术的研究，其研究成果也已经应用于人类的生活中，但相较于世间万物，人类目前的研究水平和层次依旧处于低水平阶段，仍旧需要运用现代知识和技术手段去不断开发这座知识宝库。

2.仿生技术在数字化体能训练中的应用

（1）仿生训练方法

① 速度与爆发力。人类最早进行的体育运动基本上都是田径运动，而田径运动中的短跑比赛常常吸引观众的目光。在短跑比赛的历史长河中，速度和爆发力一直以来都是取得比赛胜利的关键性因素。在过去的短跑比赛中，起跑的姿势基本上都是以站立式为主，而现代短跑比赛中则基本上是以蹲踞式为主，其中的改变得益于袋鼠给人们带来的启发。

澳大利亚的袋鼠有一个孕幼袋，使其在外观上看起来大腹便便，行动较为不便，可实际上，袋鼠不仅奔跑能力高超而且跳高技术也是一流。澳大利亚的短跑冠军舍里尔在对袋鼠进行细致的观察后发现，袋鼠在每次奔跑前都会弯曲自己的身子，降低重心，然后凭借强壮有力的后肢突然发力，便能以较快的初速度奔跑起来。这一发现引起了他极大的兴趣，经过不断的尝试与改进，舍里尔将这一动作带到了正式比赛中，立马取得了惊人的效果。1993年，我国科学家根据短跑的规律，结合我国运动员的固有特点提出跳跃式起跑方式。这种起跑方式也是在借鉴了鸟类和犬类在起步时需要借助蹬力使自己获得初速度从而令其快速摆脱静止状态，同样也取得了不小的效果。

② 速度与持久力。在长跑运动中，耐力是考验运动员的一个重要因素，也是夺得胜利的关键点。在一场完整的马拉松运动中，运动员的耐力素质起着决定性的作用，如何合理地分配体力、提高步伐效率，也成了每个长跑运动员的必修课。按照现代体育运动发展规律，提升步伐效率一般是从两个方面进行突破——步伐频率和步伐幅度，二者都与运动成绩呈正相关关系。

科学家们经过对马和鹿等蹄形动物的长期观察发现，蹄形动物在奔跑的过程中除能够很好地发挥"腿长"的先天优势之外，对于踝关节的运用也是它们驰骋草原和山地的优势之一。蹄形动物在进行奔跑时，四肢与地面之间会保持一个合理的角度，借助后腿肌肉的力量作出一个"扒地"的动作，利用与地面的反作用力使其获得持久的奔跑能力，这种借助地面反作用的方式能够很好地节省自身体力并保持较快的移动速度，这也使得众多运动员开始争相学习这种跑步方式。

（2）仿生运动装备

在复杂的对抗性竞技体育中，不仅对运动员的身体素质提出了更高的要求，其身体保障也是不可忽视的一点，优良的运动装备是保证运动员取得优异成绩的重要保障之一。

① 多功能运动鞋。在足球比赛或篮球比赛中，激烈的身体对抗和漂亮的战术动作都会使运动员的脚部承受巨大负荷，如何增加运动鞋的摩擦力和弹跳力一直是各运动厂商的难题。通过对蜂巢结构的分析和实验，人们发现以蜂巢结构为基础的足底花纹能够最大程度地增加摩擦力，而对青蛙大腿肌肉的解剖让人们发现了更加舒适的弹跳助力器，非洲鸵鸟在高速奔跑过程中对二趾足的运动机理，使得钉鞋得以广泛应用到足球场地中。

② 舒适的体能运动服。某运动服的设计师从青蛙这种两栖动物的特性上深入研究，从青蛙能够用皮肤呼吸这一特性入手，研究出高度可呼吸性保护膜。这种保护膜的独特性在于提高透气性、加速排出汗液及水蒸气，从而减小体温过热风险。即使在最潮湿的雨林，也能做到既防水又透气。除此之外，其

他科学家发现动物毛发内有空腔结构，这种结构类似于常见的中空管以及蜂巢结构，所以保暖效果非常好。研发人员通过模仿动物毛发的结构，成功研制出了中空纤维❶。这种中空纤维制成的面料具有很好的保暖性、蓬松性和柔软性，加上纤维的异形截面赋予其极佳的吸湿透气性，已广泛用于滑雪服、运动服、休闲服等户外功能性纺织品领域。

---

❶ 江红，田俊莹. 仿生科技在冰雪运动功能性纺织品领域的创新应用 [J]. 纺织导报，2022（02）：32-36.

第四章

数字化体能训练
监测评估

数字化体能训练监测评估是一种基于数字化技术的体能训练调控方法，它利用先进的软硬件设备和传感器，对运动员的生理指标、身体素质和运动能力进行全面、客观、准确的评估与监测，并为其制定或调整训练计划。

第一节　生理生化指标监测

在竞技体育日新月异的今天，科学训练已成为提高运动员成绩的关键。其中，数字化运动生理生化指标监测作为一种先进的科技手段，正在逐步改变传统的训练模式，为运动员的体能提升和竞技表现注入新的活力。

数字化运动生理生化指标监测，是指综合运用现代信息技术和生物化学分析手段，对运动员在训练过程中的生理和生化指标进行实时监测和数据分析。这些指标包括但不限于心率、血压、呼吸频率、血糖水平、血乳酸浓度、肌酸激酶活性等，它们能够全面反映运动员的身体状态和运动适应能力。通过数字化手段收集和分析这些数据，教练员可以更加精准地了解运动员的训练状况，从而制定出更加科学合理的训练计划。

一、数字化运动生理生化指标监测的重要性

数字化运动生理生化指标监测的重要性不言而喻。首先，它有助于教练员及时发现运动员的潜在健康问题。在训练过程中，运动员的身体状态往往会出现波动，如果不及时采取措施进行调整，可能会导致运动损伤或过度疲劳。通过实时监测生理生化指标，教练员可以及时发现运动员的异常状况，并采取针对性的干预措施，从而有效预防运动损伤的发生。其次，数字化监测手段可以指导教练员调整训练计划，提高训练效果。传统的训练方式往往依赖于教练员的个人经验和运动员的主观感受，缺乏客观的数据支持。而数字化监测手段能够提供准确、客观的数据支持，帮助教练员更加科学地安排训练内容和强度，从而有效提高训练效果。此外，数字化运动生理生化指标监测还有助于运动员实现个性化训练。不同运动员的身体素质和运动能力存在差异，因此训练计划应该因人而异。通过监测和分析运动员的生理生化指标，教练员可以为每位运动员量身定制个性化的训练计划，从而最大限度地发挥他们的潜力。

二、数字化运动生理生化指标监测的应用

在数字化运动生理生化指标监测的应用方面，已经涌现出许多成功的案例。例如，一些专业运动队已经引入了便携式心率监测器、血糖仪等设备，对运动员进行实时监测。这些设备不仅能够提供准确的数据支持，还能够将数据传输到云端进行进一步的分析和处理。教练员可以通过手机或电脑等设备随时随地查看运动员的训练数据，从而及时调整训练计划。另外，一些先进的科研机构还在探索利用可穿戴传感器技术来监测运动员的生理生化指标。这些传感器可以嵌入到运动员的服装或护具中，实时监测运动员的心率、血压、乳酸浓度等指标。通过无线传输技术，这些数据可以实时传输到教练员的终端设备上，帮助他们更好地了解运动员的身体状况和运动表现。

除了硬件设备的应用外，数字化运动生理生化指标监测还需要与专业的数据分析软件相结合。这些软件可以对收集到的数据进行处理和分析，生成直观的图表和报告。教练员可以通过这些图表和报告更加直观地了解运动员的训

练状况和身体状态，从而制定出更加科学合理的训练计划。

　　然而，数字化运动生理生化指标监测也面临着一些挑战和问题。首先，不同运动员的个体差异会导致监测数据的可靠性和准确性受到一定影响。因此，需要针对不同群体制定不同的指标标准和监测方法。其次，运动员在训练过程中的运动活动种类和环境条件也会对监测数据产生影响。因此，在监测过程中需要考虑到不同运动项目和不同环境条件的影响，以确保数据的准确性和可靠性。

　　尽管存在一些挑战和问题，但数字化运动生理生化指标监测的未来展望依然广阔。随着科技的不断发展，将会有更多先进的监测设备和分析软件涌现出来，为运动员的训练提供更加全面、精准的数据支持。同时，随着大数据和人工智能技术的广泛应用，未来的数字化监测手段将更加智能化和自动化，能够自动分析数据并给出训练建议，从而进一步提高训练效果和竞技成绩。

　　数字化运动生理生化指标监测作为一种先进的科技手段，正在逐步改变传统的训练模式，为运动员的体能提升和竞技表现注入新的活力。通过实时监测和分析运动员的生理生化指标，教练员可以更加精准地了解运动员的训练状况和身体状态，从而制定出更加科学合理的训练计划。未来，随着科技的不断发展，数字化监测手段将会更加智能化和自动化，为运动员的训练提供更加全面、精准的数据支持，助力他们在竞技赛场上取得更加优异的成绩。

三、体能训练监测中常用的生理生化指标

　　目前，人体各项生理指标，如血清肌酸激酶、血清睾酮、血尿素、血红蛋白、血乳酸、尿蛋白、尿肌酐等已被普遍用于评价运动员的生理功能。在这些测试中，将血清肌酸激酶、血乳酸、尿蛋白等作为评价强度的标准，以血清睾酮、血尿素、血红蛋白作为主要评价负荷的标准，以尿肌酐、血乳酸作为训练效果的评价标准。

1. 血清肌酸激酶

　　血清肌酸激酶（CK）是骨骼肌、脑和心肌的重要成分，在骨骼肌中占比

最多，约占96%，是肌内的一种重要物质，可以促进 ATP 和 CP 的合成。在静息状态下，CK 的来源与出口均为动态的均衡状态，其活力较强，活性相对稳定。机体在运动过程中的低氧、代谢物质的积累等因素，都会导致 CK 的活力增高，从而导致更多的酶从体内逸出，流入到血液中。在我国田径短跑项目运动员中，男女的血清肌酸激酶分别为 78IU/L 和 65IU/L。大强度跑（300～400 米跑，4～5 次）后，CK 活力均有明显提高，赛后尤为显著，可增加至 374IU/L 左右 ❶。

2. 血清睾酮

睾酮是一种主要通过睾丸间质细胞产生的雄性激素。增加血液中的睾酮激素可以促进人体的新陈代谢，促进身体的恢复。它不仅具有促进雄性生殖器官的生长和保持其正常的机能，还具有促进机体的蛋白合成、促进机体产生免疫反应、增加中枢神经兴奋性的作用。男性和女性骨骼肌的重量存在明显的差别，原因在于雄性激素可以提高蛋白的生成。血清睾酮水平高加上丰富营养，就会使身体的肌肉愈加发达。

3. 血尿素

血尿素是衡量运动负荷和功能恢复的一个主要参数。通常情况下，负荷较大或身体适应能力较弱的情况下，血液尿素含量增加的幅度较大，恢复速度较缓慢。正常情况下，如果运动员血液中的静尿素含量是 7.5～8mmol/L，则属于超负荷的状态。因此，如果在训练后，血液尿素在 8mmol/L 以上，并且高于锻炼之前的 2mmol/L，那么就可以考虑是过度负荷了。血尿素是由蛋白质、氨基酸等物质进行分解的产物，其作用不仅仅是在周期项目中，而且在非周期项目中也有广泛的运用。在短时间低强度的锻炼中，尿素的含量变化一般比较轻微，但长时间高强度的锻炼，会使机体承受的压力增大，其产生的尿素含量也会增加。尿素中的氮元素含量占单个分子质量的 46.7%，因此也可以用

---

❶ 张蕴琨，丁树哲．运动生物化学 [M].北京：高等教育出版社，2006.

来描述蛋白质的分解情况。因而血尿素被许多专家认为是评定机能状态的灵敏指标 ❶。

四、生理生化指标在不同运动项目中的应用

1. 不同训练强度下血清肌酸激酶的反应

血清肌酸激酶（CK）通常是衡量运动负荷的一个重要标志，随着负荷量和强度的提高，CK 值也随之增高。CK 对负荷强度及负荷量的响应更为灵敏，高负荷的运动更易导致肌肉组织的破坏。同样的训练方式下，CK 的活性在早期增加幅度较大，恢复速度相对缓慢，但随着时间的推移，运动员训练后 CK 的活性增长速度逐渐降低，恢复速度加快。中长跑是一种耐力性的运动，因此运动员 CK 值的变动并不大，中长跑运动员的训练内容以跑动和力量为主，CK 活性的改变并不大，比某些力量型的测试结果要差得多，例如举重选手每周的 CK 值有很大的变动。男性运动员清晨时期 CK 活性降至 400IU/L 以下，女性运动员清晨时期 CK 活性降至 300IU/L 以下 ❷。

2. 血清睾酮与运动疲劳程度的关系

血清睾酮是反映运动员体内合成和分解代谢的均衡状况，从而可以对运动员训练负荷和竞技状态进行评估。适当的运动或训练可以提高或保持血清睾酮值，长期高强度的运动会使血清睾酮值发生很大的改变。在羽毛球项目中，运动员要进行大量的跑动、跳跃、扣杀等大幅度的肢体动作，都会导致血清睾酮值水平降低，身体功能降低，运动员的运动水平降低。血清睾酮值水平降低的原因主要有：血清睾酮与目标细胞受体结合，消耗增加；长期应激引起的皮质醇增加，进而引起血清睾酮激素降低等。体育项目、性别等因素对血清睾酮

❶ 冯连世. 优秀运动员身体机能评定的方法及存在的问题 [J]. 上海体育科研，2003，24（3）：49-51.

❷ 李雷，杨永红. 足球训练中部分生化指标及其应用 [J]. 河北体育学院学报，1999，13（2）：79-80.

值的改变也有一定作用。谢敏豪等人认为："通常情况下，在不受任何药物干扰的情况下，当运动员增加训练量后，血清睾酮值低于这个训练周期开始时的25.0%持续不升就应该进行调整[1]。"

3.血尿素与训练负荷的关系

血尿素值是衡量运动负荷和身体恢复的一个主要参数。通常情况下，负荷较大或身体适应能力较弱时，血尿素增加幅度较大，恢复速度较缓慢。匡晶等人认为，在冬季大强度的运动中，摔跤选手早上的静态数值比其他季节要高，说明运动员的训练量有较大的提高[2]。冯连世等人对国内优秀选手的血液尿素基准区间进行了统计分析，结果显示：尽管训练量提高了，但是运动负荷水平没有显著的提高。在长期剧烈的运动中，由于机体的蛋白代谢能力较强，尿素产生量增加，而ATP在长期剧烈的运动后无法快速产生时，所产生的AMP在肌肉内脱氢转化为尿素的量增加，剧烈的运动会降低肾脏血液供应，使血尿素的廓清速度减慢[3]。此外，血液尿素的数值与高蛋白膳食等也有关系。

五、生理生化指标评定的注意事项

1.保证一致的测试条件

为了提高检测的精度，采用生物化学指标来评价运动员的身体功能，必须确保试验环境的统一。在进行生物化学试验之前，应根据生物化学参数的选取，并将多种因素有机地结合起来，进行全面的分析；在进行试验的时候，应根据试验需要合理地选用高技术设备，以减小测量结果的错误。试验结束后，要对所采集的各项指数进行适当的使用，并对样品进行适当的保护。如果需要进行采血，应注意采血的位置、采血量、标本的保存等情况。

---

[1] 谢敏豪，冯炜权，杨天乐.血睾酮与运动 [J].体育科学，1999，19（2）：80-84.

[2] 匡晶，袁海平，史仍飞，等.摔跤运动员冬训大负荷训练期间若干生化及免疫指标的检测研究 [J].体育科学，2006，26（5）：37-40.

[3] 冯连世.优秀运动员身体机能评定的方法及存在的问题 [J].上海体育科研，2003，24（3）：49-51.

2. 注意运动员的个体差异和项目特点

由于年龄、性别、身高、遗传、训练、环境等因素的作用，使运动员在训练中表现出的反应也有所不同，训练负荷和训练强度相同时，运动员出现的疲劳情况也有所不同。因此，在对运动员身体机能评定时，要遵循客观规律，一切从实际出发❶。

3. 训练监测与恢复措施的有效结合

科学的训练监测和合理的恢复措施对于提高运动员的运动水平非常关键，可通过营养保健等手段促进运动员在训练后的超代偿康复。运动员身体机能的变化主要受负荷、强度、恢复手段的影响，而运动员身体机能评定的生理生化指标又大多是训练负荷、强度及营养等因素监控的指标，因此在对运动员进行身体机能评定时，有必要注意生化指标与训练监控和恢复手段的密切结合❷。

4. 星期一综合征产生的影响

长时间进行体能评估，尤其是对运动员进行定期的体能测验（通常是星期一早上的测验），往往会在星期日进行一次全面的休整。而星期一早晨反映运动员身体机能的生理生化指标基本在正常范围内，但星期一早上运动员完成训练情况及训练效果却较差。运动员在星期天以前就习惯了高强度的运动，如果中途停止训练，就会出现全身乏力、训练不积极、难以进入训练等症状，星期一训练结束后，运动员的身体状况就会好转，而且这种现象在那些能够坚持系统训练的优秀运动员及体能类项目中的发生率较高❸。

5. 注意心理因素的影响

在大型比赛中，例如奥运会、亚运会、世锦赛等，选手的心态都会有一定的变化，部分选手会表现出紧张和亢奋；有的时候，他们的表现很差，无法投入到比赛中。随着运动员心理状态的改变，其生理生化指标也会出现相应的

---

❶ 王瑞元. 运动生理学 [M]. 北京：人民教育出版社，2002.

❷ 林文弢. 运动生物化学 [M]. 北京：人民教育出版社，1999.

❸ 冯连世. 运动员机能恢复与运动营养培训班讲义 [R]. 北京，2002.

改变，比如血液中的乳酸值增加，这与儿茶酚胺分泌过量有关。教练员和运动员都要注意积极调整心态，将心态调整到最好，这样才能更好地发挥出实力。所以，有必要将运动员的心理监测和体能评估相结合。

6. 小结

（1）在训练期间，血清肌酸激酶的变化不大，说明其对运动负荷和强度的适应能力更强。在赛前，血清睾酮的变化很少，但随着运动员对比赛的适应和身体各个功能的不断调整，血清睾酮水平会逐步上升，从而使其发挥更好的竞技水平，让运动员在比赛中保持良好的竞技状态。

（2）了解运动员训练后的状况，要看血尿素的变化，血尿素的基本数值会有一定的差别，高强度训练可使血尿素水平增高，而在比赛后降低则说明运动员的恢复情况良好。

（3）运动员在进行训练时，要注意选择合适的负荷量和负荷强度，不可同时提高[1]，否则会导致运动员过度疲劳，从而影响到运动员的训练和比赛。为了更准确地评价运动员的身体功能，为教练员的训练提供科学的参考，要加强对运动员训练负荷的监测。

（4）生理学化学指标的科学效应要广泛宣传、推广，使运动员在训练中取得更好的成绩，使更多的人从训练和竞赛中获益。还应加强对运动员饮食的指导，使其得到合理、充分的营养，以利于身体的恢复。

第二节　数字化体质测试

体质测试是从遗传、生理、心理等多个角度对受试者进行综合评价的过程，该测试广泛应用于学生群体中。《国家学生体质健康标准》是《国家体育锻炼标准》的一个组成部分，是《国家体育锻炼标准》在学校中的具体应用。

---

[1] 钟频，楚霄.生理生化指标在运动员机能评定中应用的重新审视[J].当代体育科技，2015，5（25）：24-25.

《国家学生体质健康标准》施行的目的是贯彻落实第三次全国教育工作会议提出的"学校教育要树立健康第一的指导思想"的精神，促进学生积极地参加体育锻炼，上好体育课，增强学生的体质和提高健康水平，把学生培养成为德、智、体、美全面发展的高素质人才。

一、我国学生体质测试概况

根据《国家学生体质健康标准》要求，各学段都应进行体质测试，其适用于全日制小学、初中、普通高中、中等职业学校和普通高等学校的在校学生。测试项目的安排也根据不同学段学生的身体发育特点进行设立，符合学生成长发育规律，是对学生身体健康情况进行科学评价的具体操作手段，如表4.1所示。

表 4.1　各学段学生体质测试项目表

测试对象	单项指标	权重 /%
小学一年级至大学四年级	体重指数（BMI）	15
	肺活量	15
小学一、二年级	50 米跑	20
	坐位体前屈	30
	1 分钟跳绳	20
小学三、四年级	50 米跑	20
	坐位体前屈	20
	1 分钟跳绳	20
	1 分钟仰卧起坐	10
小学五、六年级	50 米跑	20
	坐位体前屈	10
	1 分钟跳绳	10
	1 分钟仰卧起坐	20
	5 米 ×8 往返跑	10

续表

测试对象	单项指标	权重 /%
初中、高中、大学各年级	50 米跑	20
	坐位体前屈	10
	立定跳远	10
	引体向上（男）/ 一分钟仰卧起坐（女）	10
	1000 米跑（男）/800 米跑（女）	20

注：体重指数（BMI）＝体重/身高的平方（体重的单位为千克，身高的单位为米）。

目前，各学校测试计时方法主要采用人工计时，然后手工记录数据，最后由数据管理人员电脑录入教务管理系统，这样花费大量人工，数据处理速度慢，工作效率低[1]，并且还容易出现测试数据失真等现象。但随着科技的发展，数字化体质测试设备逐渐应用到体测中，大大提高了测试效率和测试的精准度。根据不同的设备类型，可将其分为可移动装置和固定装置两大类。

二、大学生健康管理系统构建的基本思路

运动健康管理对于提升全民身体素质、促进"健康中国"建设具有十分重要的意义。在信息化社会飞速发展的今天，信息技术已经给我们带来了很多的方便，为了使体育健身管理更好地为人民服务，必须深入探讨健康管理与信息技术的深度融合。

学校既要承担起提升学生身体素质的责任，又要加强学生的健康管理意识，培养对体育的兴趣。但是，仅仅依靠每周的体育课难以满足提高学生身体素质的要求。通过智能装备在高校学生中的应用，既可以解决高校师资短缺的问题，又可以为每一名学生提供有效的服务。

近几年来，全国大学生的身体状况总体上处于下降的趋势，亚健康状况相当普遍。同时，大部分学生还存在着不懂健康管理的情况，因此，该体系为

---

[1] 黄贤德.学生体质测试 50m 跑智能测试平台设计与实现 [J].当代体育科技，2017，7（16）：233-234.

学生提供了科学、专业的健康管理方法，帮助学生进行健康的自我管理。

目前的运动健康管理系统和网络环境中存在着一些问题。相对于目前的在线健康管理体系，建立的体育健康管理系统在设计理念、信息采集、决策等方面都具有一定的优势，运动处方的制定、选项的推荐等都得到了改善。

健康管理系统立足于更深层次，将终生健身观念贯穿于医疗管理体系。文中提出的健身健康管理系统，为高校大学生进行健康管理提供了一种有效的工具。该系统能够根据使用者的身体状况、行为习惯，对运动处方进行实时更新，从而有效地激励使用者积极参加体育活动，提高其运动参与程度，使之从被动训练到积极训练。在推荐方案的时候，对没有体育兴趣的健康人群，会根据身体素质的优劣指数，向他们推荐锻炼项目，增强他们在运动的过程中的成就感，培养他们对体育活动的兴趣。而对于亚健康的人，系统会根据心理、社会、身体等方面的异常指标，建议他们参加体育活动，改善他们的亚健康状况，通过一次又一次的锻炼，让他们对体育产生浓厚的兴趣。

健康评估的基础更为科学。一方面，以全国大学生身体健康状况测试标准、医院体检数据、国际通用心理测量数据为基础，通过客观指标对使用者健康状况进行分析、判断，充分反映了该体系的严谨、科学。同时，采用SRFIMS自测健康评估量表，收集使用者最近的健康数据，从而可以更准确地判断出使用者的健康状况，从而更具针对性地进行健康干预，并提供健康评价及健康介入服务。

体育锻炼的方法越来越精细。运动处方是最早出现在医疗领域的，但现有的在线运动处方生成系统，大多是基于使用者的身体状况，而忽视了运动对身体的影响和对疾病产生的辅助作用。系统着重分析了运动对医疗保健的促进效应，并进一步拓展了其使用的领域。在制定体育处方时，要充分考虑到使用者的身体状况、医学指标、心理健康状况等因素，从而使运动处方更具针对性、更细致。

目前关于运动选项的推荐体系，主要是针对特定体育课程的推荐和体育活动的推荐。前者受学校课程设置、师资配备等外部因素的影响，但实质上还是向使用者推荐特定的体育活动。后者则侧重于使用者的个体特性与使用者相似度的分析，而对体育活动的影响则较小。运用项群理论，对不同类型的体育项目进行分类，确定各类型的体育项目之间的联系，并结合用户的健康需要对其进行分类。最后，根据使用者周围环境（如场地、设备等）的影响，从中选出适合的运动项目，并将其推荐给使用者。

三、健康管理系统构建的数字化应用

健康管理系统包含了从自身、内在动力驱动的健康自我管理和外部力量对健康社会管理的影响。健康自我管理是指杜绝在日常生活中发生的不良行为和生活习惯，预防发生健康风险因素，提高身体健康水平，主要体现在个人的自觉管理和积极地参与。健康社会管理是指对健康人群和亚健康人群的个性化健身计划进行干预，并对其进行监督、督促，从而促进其终身健身意识的养成。健康的社会管理能够使高校学生更好地进行健康的自我保健管理，而健康的自我管理则是实现健康社会管理的重要保障。利用移动电话及因特网等现代技术，对使用者的身体状况进行调查，制定出一套有效的管理方案，并对其进行监测与回馈，通过对健康进行自我管理，实现健康状态的监测和提高健康水平。

该系统分为三大模块：信息模块、信息资源数据库模块、匹配算法模块。信息模块包括身体检查数据、身体测试数据、心理测试数据和健康自我测试数据；信息资源数据库模块包括健康评估指标与标准、运动处方制作信息、运动项目特征信息等；匹配算法模块包含信息处理模型、健康评估模型、运动处方生成模型（该模型包含了运动处方的输出模板）。

在建立体育健康管理系统的过程中，应采取以下几种具体措施：

（1）收集使用者的健康资料。使用者可以自行填写身体检查、心理测试、自我保健等显性资料；利用词汇 - 反向文件频谱技术，对使用者的隐性兴趣进行搜集和整理。

（2）健康状况的评价。按照世界卫生组织公布的健康标准，从身体、心理、社会三个方面进行健康状况的评价，将用户分为健康、亚健康、疾病三

大类。

（3）健康干预的基础。通过采集到的健康数据，对用户的优秀和不寻常的数据进行分类，形成一套优秀的数据集，以便再一次加强这些数据，而这些数据的收集则是将这些数据还原到正常状态。

（4）在卫生问题处理中的优先次序。首先，在制定运动处方时，以身体素质测验资料中的不符合标准为主要参考，若有多个不符合标准，则按问题逐一解决；以心、肺、体形、素质顺序为主要目标，制定体格指数的运动处方。其次，在推荐方案中，以心理测验和自我保健的数据为基础，将其中的不正常因素综合起来，并给出相应的建议；如果有多个异常指标反映了心理和社会健康，那么根据其严重性，将异常指数最轻的作为推荐的基础。然后，按照附件中的精神和社会卫生指数的序号重新排列。

第三节　数字化体态与动作评估

体态是人体在坐、立、行走等各种基础活动中所呈现的一种身体姿态，是一个人的精神状态和气质的外在表现。健康的体态，不仅仅是外在的美丽，更是一个人自信、气质、积极的人生态度，是由内而外的全面反映。

根据解剖学知识，躯干分为颈曲、胸曲、腰曲和骶曲四种不同的生理曲线，这些生理上的运动幅度是正常的，超过或不充分都会导致身体的不健康。如果颈部太前会出现头部前倾，腰部过度后倾会导致驼背，腰部过度前倾会导致骨盆前倾，脊柱侧弯也会导致"S形"的身体形态，严重的会影响内脏器官的生长和正常功能。下肢的常见姿势主要有："O形"腿、"X形"腿、长短腿、膝关节过伸、足背弯曲或屈足、平足等。上肢的体态异常主要有圆肩、高低肩、肘过屈、肘内翻等。评价指标的选择要综合考虑，以人体的关节、四肢的位置为中心，根据人体的骨骼特征和各个部位的位置关系来确定。测量中最常见的点有耳缘、大椎、肩峰、锁骨、髂前上棘、肚脐、胫骨外上髁等，最常见的关节部位有颈、肩、腰、髋、肘、膝、踝、足等。由于人体形态的多样性，

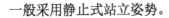

一般采用静止式站立姿势。

总之，体态评价指标应包括身体各个重要的关节，特别是躯干和下肢，具体包括头颈部关节、肩关节、膝关节、足部关节等部位，同时还应考虑脊柱的生理弯曲，如胸曲、腰曲、骶曲。

一、体态评估方法

1. 直接观察法

直接观察法是研究者依据特定的研究目的、研究大纲、观察表格等手段，利用感觉与辅助手段，直接观察受试者的获取信息的一种方式。在进行测验之前，要对测验对象进行系统的训练，并制定出相应的测验准则。此项测验是以墙为基础，运用体态评定分析图，让受试者站立于距离墙5～10cm处，身体挺直，双手自然放在身侧，以最直观的方式评价测试者的正面、侧面、背面，并将其评价结果记录在案。观察对象的头部、肩胛部和臀部是否紧贴着墙，肩、髋（骨盆）的两边是否处于同一水平，头部和颈部有无侧倾，脊柱有无侧倾。一般认为腰与墙之间有一拳的距离是正常的，大于一拳就是骨盆前倾，小于一拳就是骨盆后倾。采用墙式测验方法，可对大学生的身体状态进行初步的测量，从而了解他们的身体状态。

为了进一步了解测试者的身体状况，就必须进行定量的指标检测。评估的具体标准如表 4.2 所示。

表 4.2　体态量化测试表

体态问题	评估标准	轻度	中度	重度
身体倾斜	头部偏离中轴线的距离	0～2cm	2～4cm	＞4cm
高低肩	两肩峰高度差值	0～2cm	2～4cm	＞4cm
颈椎前曲	耳垂与肩峰不在同一垂直线上，发生前移的距离	0～3cm	3～5cm	＞5cm
圆肩	肩部前旋，带动肩胛后凸外翻的距离	0～2cm	2～4cm	＞4cm

续表

体态问题	评估标准	轻度	中度	重度
驼背	胸椎过度后凸的距离	5～8cm	8～12cm	＞12cm
骨盆前倾	髂嵴出现前旋的距离	0～3cm	3～5cm	＞5cm
骨盆后倾	髂嵴出现后旋的距离	0～3cm	3～5cm	＞5cm
肘关节超伸	肘关节向后侧超过180°的角度	0°～5°	5°～10°	＞10°
膝关节超伸	膝关节向后侧超过180°的角度	0°～5°	5°～10°	＞10°
"O形"腿	大腿、膝关节、小腿间有明显缝隙，膝部缝隙宽度	0～3cm	3～5cm	＞5cm
"X形"腿	两大腿有接触，双足无法并拢接触，双足间宽度	0～3cm	3～5cm	＞5cm

2.数据测量法

测量数据时，必须使用专用的测量仪器。采用直接观察法对身体状态评价存在问题的受试者进行重点的测验时，要使用分析图表、直尺、角度测量仪器来测量人员的身体姿态，对各部位进行定位，对各关节的角度进行定量的测量，最终得出评价结果。为提高试验的效果，试验的顺序应该按照从上到下依次为头颈、肩部、胸部、腰部、骶部、上肢、下肢等部位，以确保检测过程的连贯性，避免出现漏测、错测、错记等情况。在测量时，也要考虑可塑性因子，如圆肩、驼背、高低肩、头前倾、骨盆前倾、骨盆后倾等可以通过锻炼和改变生活习惯来改善的，这些应该着重于测量；但像扁平足、"O形"腿、"X形"腿、长短腿等，由基因、病理性等原因所致，在大学时可塑性不强，很难通过后天的锻炼来改善，因此可以视情况而定。

数字人体姿态评估包括测量、评估、数据库管理三大部分，该仪器是一套智能化的运动分析系统，它包括足底压力和姿态分析，结合了运动学、动力学和人工智能。通过试验，不但可以很方便地把物理测量资料记录下来，还可

以把技术资料快速地编辑成易于阅读的图表和表格。

二、体态纠正训练

不良体态要及时纠正，如"功能性运动矫正"，安全可靠，无副作用，既能纠正身体的不良状态，又能提高身体的健康状况。

导致身体姿势欠佳的原因有很多，有一部分人是先天性的，比如脊柱的发育不良或后天的某些因素，导致了脊柱的损伤，从而影响了脊柱的发育。大多数人的体态问题是长久养成的不良习惯所导致的，下面讲解纠正不良体位（后天或生理）的功能训练方法。

功能性姿势训练是为了适应人体的自然姿势，它的目的是解决人们在日常生活中因不良的生活习惯而导致的姿势问题，并针对姿势的功能性偏差进行针对性的训练。在锻炼拉伸肌肉的同时，可以增加身体的弹性，让身体保持一个稳定的平衡。另外还可以通过拉伸和强化放松的肌肉来纠正姿势不当。另外，正确的身体姿势体现为对全身的每一块肌肉、骨头，例如头部、颈部、胸部、腰部、臀部、躯干和肢体的正确感受，因此，要有正确的体感，就需要强化对身体深层的小肌肉群的知觉和力量的锻炼。因此，在保证人体姿势的稳定性方面，功能性姿势的训练对于维持身体的姿势非常重要。

第一种是练习中性姿势。它的作用就是锻炼自己的身体，不管是在静止的时候，还是在运动的时候，都可以清晰地感觉到自己的骨骼和肌肉的掌控。例如，在静止状态下做瑜伽的腹式呼吸，主要是为了锻炼和感受身体的正确感觉。

第二种是锻炼身体的核心肌肉。保持身体的正确姿势，就是要强化对深层肌肉的感觉，也就是增强肌肉的控制力。因此，所有的核心力量训练都要以静止的方式进行，并且要坚持一段时间，或缓慢而有控制地训练，避免快速、爆发性的训练。在锻炼身体的过程中，可以重塑肌肉之间的平衡，让肌肉的力量变得更大，这样可以减轻肩膀和颈部的前倾，让肌肉不再平衡，改变姿势。

第三种是拉伸运动。其作用是松弛和伸展紧张的肌肉，提高收缩的肌肉的弹性和柔软程度，同时平衡地伸展身体两边的肌肉。比如瑜伽体式中的站立前屈、加强背部伸展式，主要是拉伸大腿后侧的肌肉，如腘绳肌、半膜肌等。脊柱扭动的作用是对身体两侧的腰部进行拉伸，同时还可以按摩腹部的内脏。猫式拉伸主要是为了拉伸人体的胸椎、脊柱、腹部和背部的肌肉；头部的扭动是为了锻炼头部和颈部的肌肉，同时也是为了锻炼身体的灵活性。左右两边的拉伸体式主要是锻炼身体两侧肌肉的平衡性和灵活性。

第四种是锻炼背肌。主要锻炼的是背阔肌、斜方肌中下束、菱形肌和竖脊肌。通过增强后背的力量，拉扯身体前方的肌肉，比如仰卧持哑铃扩胸（飞鸟展翅）、提拉杠铃耸肩、单臂举起哑铃、仰卧、上举、背起、四肢蛙泳、双臂伸展、仰卧球等。

第五种是锻炼头部和肩膀的稳定。主要锻炼头部、颈部和肩部的稳定肌肉群。比如：头部顶软球来加强颈部深层屈肌力；平板支撑训练既能增强肩胛骨的稳定性，又能增强脊柱的力量。

第六种是平衡训练。它的作用是增强人体的肌肉感知和身体的核心肌肉，比如单腿侧摆、虎式、风吹树式、摩天式、舞蹈式等等。

第七种是通过物理治疗、泡沫滚轴等手法纠正大学生的不良体位。通过牵引、泡沫滚轴等条件反射来减轻问题部位的肌肉张力，从而松弛问题部位的肌肉，以减轻不良姿势。

第八种是重新学习生活和工作习惯。生活、工作中的不良坐姿、站姿、行为等都会导致不良的身体姿势。所以在进行身体的生理上的改善和纠正的同时，还要加强思想、行为习惯的教育，让他们彻底地认识和理解什么是正确的身体姿势，抛弃不良的生活和工作习惯。

因此，不管在工作或生活中，都要经常留意并调节好自己的姿势，做到劳逸结合，使身体处于并维持一个健康的状况。

三、数字化动作评估

动作评估是通过对受试者采用特定设备或多个特定的动作，在短时间内反映出受试者动作质量以及潜在受伤风险的评价方法，现在较为主流的有FMS（功能性动作筛查）动作评估方法。

这种评估方法主要是通过根据人体基本动作进行设计并作为一种身体基本功能测试方法进行运用。测试共涉及七个动作模式和三个疼痛排除动作测试，分别是深蹲、单腿跨越栏架、直线弓步蹲、直腿主动上抬以及其余三个包含疼痛排除测试的动作模式，分别为肩关节灵活性、躯干稳定俯卧撑和躯干旋转稳定性。每个单项测试评分为 1、2、3 分，若任何环节出现疼痛则该项目记为 0 分，该筛查的满分为 21 分。功能性动作筛查中对于对称性的筛查可将动作模式分为对称性与非对称性。单腿跨越栏架、直线弓步蹲、肩关节灵活性、直腿主动抬高和旋转稳定性这五个动作是需要左侧、右侧分别进行检查的，即为非对称性动作；深蹲、躯干稳定俯卧撑则是无需进行左右侧轮换测试的项目，为对称性动作[1]。

FMS 使用的评估动作多为不改变支撑面的过渡性动作，包括下蹲、推、举、平衡等。这种评估方法确实能够较为客观地反映出受试者身体的灵活性、稳定性、对称性等存在的问题。但对于人体非固定支撑面的动作（如行走和跳跃），若使用这种评价方法去判断，对于评价结果的客观性和准确性肯定会存在一定的质疑，因为整个评估过程都是通过测试者肉眼观察得出的评估结果，对于非固定支撑面动作的评估一定会存在误差，影响评估的客观性。但如果通过技术手段来实现非固定支撑面的动作评估，那么评价结果就显得客观有效，评价过程也会变得简便易行。

目前，基于人体姿态的动作识别及对比研究受到了国内外广泛关注。罗大为[2]等从多个维度对人体姿态识别方法进行研究，对其疑难点及发展趋势进

---

[1] 李芮瑶.基于功能性动作筛查对消防员训练损伤风险评估研究 [D].上海：上海体育学院，2021.

[2] 罗大为，郑颖，张姗.基于视觉的人体姿态评估方法研究与进展 [C]//.中国计算机用户协会网络应用分会 2018 年第二十二届网络新技术与应用年会论文集.2018：116-122.

行了阐述。在人体姿态对比方面，王建波和邱凯等基于深度视觉跟踪，通过异常检测和性能评级，建立了一种人工智能教练系统 AI Coach[1]。Kim 等提出了一种利用基于视觉的姿态估计以寻找关键点的分析方法，通过其关键时刻对球手挥杆动作的评估及量化，输出评估结果[2]。胡建朗等针对运动姿态不标准且无人监督等问题，基于双目变焦伺服系统，结合注意力单元追踪机制，研究实现了一种三维姿态评估方法[3]。王芃基于相似度和局部评估的概念设计训练了一种羽毛球运动员姿态评估模型[4]。李睿敏分别从动作分类、动作检测和动作评估方向出发，设计并实现了基于手工特征的动作分类方法和高精度动作检测方法。杨君等使用 openpose 技术开发了一套单目图像识别对比指导系统。陈雪梅以 openpose 提取的二维姿态为基础，利用视差原理恢复三维姿态的方法，建立了一套高尔夫挥杆辅助训练系统[5]。

综上所述，针对体能训练智能化、数据化的迫切需求，需建立一套智能动作评估系统。通过提取标准技术动作特征，建立标准动作特征库，例如步态动作录入，从前面观察足和膝，足应保持竖直，膝与二、三脚趾保持一条直线。侧面观察腰、肩和头，腰应保持中立的前凸曲度，肩和头也应保持中立。从后面观察足和 LPHC（lumbo-pelvic-hip complex，腰-骨盆-髋复合体），足应保持竖直，LPHC 应保持水平。之后利用摄像头捕获非固定动作视频数据对其中的人体关键点进行估计，通过关键动作的匹配评估人体骨骼关键点在完成各阶

[1] Wang J，Qiu K，Peng H，et al.AI Coach：Deep Human Pose Estimation and Analysis for Personalized Athletic Training Assistance[C]//Proceedings of the 27th ACM International Conference on Multimedia.Nice ACM，2019.

[2] Kim T T，Zohdy M A，Barker M P.Applying Pose Estimation to Predict Amateur Golf Swing Performance using Edge Processing[J].IEEE Access，2020，8：143769-143776.

[3] 胡建朗，罗亚荣，郭迟.一种用于运动姿态评估的视觉伺服机器人[J].测绘通报，2020（08）：33-38.

[4] 王芃.基于深度神经网络的人体运动姿态估计与识别[D].电子科技大学，2020.

[5] 陈学梅.基于人体三维姿态的动作评价系统[D].浙江大学，2018.

段技术动作过程中的参与度，以此作为评估标准，以帮助教练员进行动作规范性的判别及指导，提高运动员的竞技水平，同时避免运动中可能存在的风险[1]。

第四节　数字化体能测试与评估

我国大众体育群众基础薄弱，学校则面临专业人才短缺、专业知识普及程度较低的问题，因此常常出现"以跑带教，以跑带训"的现象，从而导致大部分人都误认为，体能就是长跑，就是耐力水平。其实体能体现出的是身体的综合素质，是通过力量、速度、耐力、协调、柔韧、灵敏等运动素质表现出来的人体基本的运动能力。体能在运动员竞技能力的总体构成中，具有鲜明的基础性特征，是其他各种子能力形成与发展不可或缺的重要的基础性条件。无论是完成动作技巧，还是实现战术配合，都需要有肌肉力量、速度等素质的保障，运动员多种素质的发展水平对其在比赛中的心理状态有着重要的影响，运动员所掌握的竞技知识，也必须借助其运动素质的表现与发挥才能够成功地得以运用[2]。

体能又可分为基础体能和专项体能，不同的运动专项需要具备不同的竞技特征，这时就需要在提升基础体能的基础上针对不同项目所需，发展专项体能水平。如举重主要比力量，长跑主要比耐力，柔韧性的好坏对体操运动员完成技术动作的幅度有着重要影响，协调能力则是羽毛球选手在不断变换的对抗性竞技中技战术表现的重要基础。

运动员的体能水平和发展潜力是选材的基础指标，发展体能是提高运动员竞技能力水平的重要训练任务，良好的体能状态则是保持高效能训练、培养高水平竞技状态、成功参赛的基本保证。运动员的体能状况对保证运动员系统

---

[1] 李晟，宋可儿，欧阳柏强，等.基于人体姿态识别的立定跳远动作智能评估系统 [J].人工智能，2022（02）：75-87.

[2] 殷建红.民族健身操运动员竞技能力结构及训练研究 [D].吉首：吉首大学，2016.

训练有着重要的意义。良好的体能是长期坚持高负荷训练的保障，有助于防止和减少运动损伤，延长运动寿命，青少年运动员坚实的体能基础是其未来达到最高竞技水平的重要因素。与体能水平的要求不同，不同专项运动员的形态和机能具有不同的特征。举重运动员要求肩宽，是由磷酸盐分解供能爆发式地用力；长跑运动员通常体重较轻，是以有氧代谢供能为主支持长时间的竞速运动；体操运动员要求体格健美匀称，中枢神经系统能有效地指挥运动系统完成复杂多样的动作技巧[1]；羽毛球选手身材适中灵巧，神经系统灵活应变且具有高度发展的无氧代谢供能能力。这些外部特征及内部特征就需要通过针对性的测试来得出，从而实现科学性和针对性的选材方式。

一、基础体能测试中的数字化

提到测试就要考虑测试的准确、客观、效率等因素，常规的体能测试准确性及客观性容易受到人为影响，如若出现争议会严重影响测试的公平公正程度。同时，正因为常规体能测试需要大量人工，也会对测试的效率产生影响。如果借现代科技手段，实现体能测试的数字化、智能化、可视化，就会避免这些问题的出现，大大提高体能测试的效率和客观性。

基础体能测试项目一般包括速度、力量、耐力、灵敏、协调、柔韧等几方面，各个项目测试的手段五花八门，但基本可分为计时类、计数类、测距类、测重类、观察定位类等几个方面。

计时类，如速度、耐力方面的测试，一般都是以固定的距离记录受试者用时长短来判断测试结果，这就可以依托电子计时系统来增加计时的精准度。例如计时系统要包含发令装置、自动计时装置、无线感应装置；计时精度为1/1000秒，自动识别运动员的躯干；信号传输的直线距离至少500m，在标准400m田径场范围内的任何位置，都能稳定地获得测试数据。有多种计时方式，常见的有"发令枪启动计时"（包括反应时）、"消失启动计时"（不包括反应时）、"行进间启动计时"三种计时方式，可满足短跑、长跑、跳跃和灵敏性测

---

[1] 王蒙. 高校花球啦啦操专项体能训练方法 [J]. 新体育，2022（18）：30-32.

试计时需求。计时系统具有"选择性"感应（计时）功能，如：第一人通过时不感应（不计时），第二人通过时感应（计时），或第一人通过时感应（计时），第二人通过时不感应（不计时）。除一般的分段计时功能外，可用于接力测试时的分段计时和专业灵敏性测试计时。

计数类和观察定位类的测试项目可以通过三维运动捕捉系统（视频拍摄、可穿戴运动传感器、软件分析）来实现。传感器包含惯性平台组件（三轴加速度计、三轴陀螺仪、磁传感器）、采集取样频率装置（加速度计、陀螺仪、磁传感器）、精确度装置（三轴加速度计、三轴陀螺仪、磁传感器）、蓝牙数据传输装置。分析软件支持步行测试、平衡测试、头部活动度测试、肩部活动度测试、躯干活动度测试、跳跃测试、时间站立走测试、自由测试以及颈椎虚拟时钟训练、关节位置觉训练、平衡训练、自由训练4种功能训练；可以采集三维动作信号，包含步态时空参数、运动学参数、动力学参数；在测试和训练期间，系统提供数字化生物反馈；报表可以实时呈现，也可保存为PDF或直接打印，报告模板可编辑；可以进行可视化结果对比分析，并可导出报告；软件可以实时显示动作过程中运动学数据；数据库方便管理，精心呈现数据报表；允许依照需求自定义训练动作，添加动作图像、文字描述并可添加至报告中；原始数据可以通过TXT、Excel导出。

测重类可通过力量功率测试分析系统来实现，重量的测试一般用于受试者力量水平的测试，常规的力量测试大多采用1RM测试（只能举起一次的重量），这种测试方式获得的测试数据单一，安全隐患也较大，每次测试对于受试者和测试者来说都是一次冒险。如通过数字化力量功率测试系统，使受试者采用3RM或5RM的重量来测试，再将力量测试的数据进行计算，推算出最大力量、相对力量、力量耐力等数值，既可安全、便捷、高效地完成力量测试，也可获得更多的力量数据，为调整训练计划提供参考，可谓是一举多得。力量功率测试系统由传感器端和手持显示器端两个部分组成。传感器可以挂在杠铃或者其他力量器材上，也可以挂在运动员身上，操作简便易于携带；手持显示器用来实时监测数据，在实现力量测试的同时还可满足日常训练所需。可实现功能有：设定训练强度——根据力量训练目的和对应的力量发展速率，可轻松帮助每个运动员找到适合的训练负重；客观训练反馈——显示每一次训练动作的爆发力输出和速度，可以给教练客观的反馈，从而监督训练强度；预警训练事故——能对训练出现的中枢神经系统过度压力和疲劳预警，如果动作速率降至 0.3 米 / 秒以下，此时非常有必要停下来休息；调节训练强度——能反映运动员的实时状态，帮助教练评估是否坚持原定的训练计划，当力量输出高出或低于目标范围时，将发出提醒信号；训练目标激励——可以让运动员随时看到他的训练强度上升到一个全新的水平，实时的数据反馈还能激发出一个更渴望竞争的训练气氛。

测距类可通过激光测距仪来实现。应用在体育领域的激光测距以手持激光测距仪为主，测量距离一般在 200 米以内，精度在 2 毫米左右，一般用于跳跃项目和投掷项目的测量，这也是使用范围最广的激光测距仪。在功能上除能测量距离外，一般还能计算测量物体的体积，测量结果可以自动传送到测试显示牌，场地大屏幕的架设位置固定，使用过程中无需变化，使用方便。加快测试进程集成化的田赛网络终端控制软件，既是测距仪又是测试田赛网络终端，瞄准测量点后测试成绩由软件根据测量参数自动给出。

除以上测试系统外，还可在测试过程中增加其他智能化设备，从而提高测试数据的参考价值。如在长距离跑测试过程中，除应用电子计时系统外，再增加智能心率监测系统，提高测试的安全性和测试数据的多样性。例如 20 人测试（可根据参加测试人数调整），设备实时监测 20 人心率数据；数据通过蓝牙实时由心率传感器向手持显示器传输；在同一界面显示实时监测心率、心率区、距离、速度、速度区距离、心率百分比、训练负荷、冲刺次数等数据；设备可以选配蓝牙心率表，实现数据双向传输，在平板和腕表上同时监测显示训练数据。选配蓝牙心率表可以获取跑步功率、Sleep Plus Stages 睡眠质量监测数据、Nightly Recharge 恢复测试结果、运动损伤评估结论、山地分析数据、能量补充提示等信息。

二、基于运动项目的体能测试数字化

专项体能测试也是以基础体能测试中的力量、速度、耐力、柔韧、灵敏等内容为侧重点，并选取与专项技能相似度高的动作进行测试，从而评判受试者专项能力水平。例如隔网对抗类项目，网球、羽毛球的速度测试一般以场地内的折返跑测试为主，因为此类项目在比赛过程中经常出现突然加速、急停、急转等内容，因此折返跑更符合这类项目速度素质所需。同时还要考虑项目竞赛场地的特点，如滑冰类项目动作的生物力学特征分析与陆上项目不同。例如滑冰动作，大家普遍认为需要着重发展运动员的下肢以及核心的力量，其实上肢力量也十分重要，因为强有力的摆臂可以带动下肢甚至是全身的运动❶。

如花样滑冰项目涉及空中的转体以及落地稳定，同时还要保持动作举止的优雅和艺术感。花样滑冰的专项需求包含：有氧（无氧）系统工作能力加乳酸耐受力；曲线滑冰的特殊动作模式和能力；腿部爆发力、旋转、着地技巧及髋膝踝的稳定性；在快速移动中完成复杂的技巧，如快速前进、后退、倒滑、压步、交叉步；韵律、节奏、艺术性；柔韧性。

因此专项体能测试中的数字化不同于基础体能测试，它的测试内容和测试项目受不同专项的影响，差异化较大，因此更为复杂。

第五节　数字化运动心理测试与评估

运动心理学是心理学的一个分支，是研究人类从事运动时心理产生的规律和特点的一门科学。运动心理学可给体育训练提供科学指导，有效避免训练中不良心理的出现，使体育训练更有针对性，使体育训练效率进一步提升。因此，如何在体育训练中应用运动心理学知识，受到越来越多业内人士的关注，成为人们讨论的热点话题❷。因此如何将现代技术与心理学相融合，使其测试效率与测试质量有效提升，是现阶段应当深入研究的课题。

经过 40 多年的不断研究，运动心理学技术不但实现了对竞技运动员的心

❶ 李卫，阚怡琳，石煜，等.体能训练前沿理念与实践创新——第二届中国国际体能大会综述 [J].北京体育大学学报，2021，44（03）：114-128.

❷ 王卫兵.简论运动心理学在高校体育教学中的应用 [J].运动，2018（24）：74-75.

理调控方面给予针对性服务，也从认知神经以及行为层面分别揭示了竞技运动员某些方面的认知特征及机制。

十几年来，新兴技术在心理学相关技术研究与应用等方面起到了巨大的促进作用，同时也将运动心理学中的科技助力服务与实践应用拓展出新的发展方向。赵祁伟等人指出："心理技术在竞技体育中应用效益评定方法、理论及内在规律的探索，必须借助高科技手段掌握运动员大脑变化的规律，借助心理科学创新技术的不断开发和应用，才能更好地解决今后我国竞技体育运动中面临的各种问题。"[1]而今天，竞技运动心理学的研究和服务正在向多学科、智能化、科学化的方向发展。

一、心理测试技术中的数字化融合

AI专业领域的众多算法上的革新对于提升测量技术的测评效率、优化对相关信息的分析和解读作用很大。如差异群体的心理健康预警系统中融入的深度学习技术，实现一系统多人心理状态监测与实时研判，可实现智能心理问诊，应对心理医生供不应求的问题。对于精神分裂症患者的测试评估，交互式进化计算的应用，可实现对受试者的情绪情况进行量化诊断。线上自适应测试评估相较于纸质评估可提取更多信息，通过输入受试者的实际情况设置针对性试题，从而精简试题数量，减少答题时间，提高评估效率。对于儿童心理障碍的测试与评估，可依托神经网络技术研发儿童心理障碍诊断系统实现自助服务，且提供诊断建议实时打印功能。近十年，竞技运动心理测量研究的热点是关于核心心理因素系统化以及对绩效表现的预测等方面。

运动心理特征及影响竞技状态相关要素的研究得到了广泛关注。相关研究表明，运动员的心理疲劳程度会因运动员内心因素及外界环境影响而改变，主要表现在希望特质可实现调节应激与心理疲劳的效果，希望特质升高时应激对心理疲劳影响减小。具有自主支持倾向的教练员以及具有完美主义倾向的运

---

[1] 赵祁伟，陆颖之，周成林．新兴技术融合发展下竞技运动心理学研究进展、实践与展望[J]．上海体育学院学报，2020，44（11）：18-27，54．

动员都以心理需要为中介对心理疲劳产生影响。社会主观支持可调节应对方式对心理疲劳产生的影响，运动员产生超越应对和回避应对策略获得的主观支持越多，心理疲劳程度越高。

相关学者对各运动项目间的差异性特征对心理的影响进行测试研究，探寻不同项目关键心理特征、技能水平、运动表现之间的相关性，主要表现出显著相关的因素，如心理准备、注意力、焦虑控制等，其反映了竞技水平与心理发展水平[1]，意志品质中的坚韧、果断和赛前情绪中的自信因子可作为预判竞赛成绩的重要参考条件。反之，运动员的失败焦虑情绪和社会期待焦虑情绪与运动员的运动等级呈现出负相关关系。

新兴技术在心理学测试评估中的融入，大幅度推动了运动心理评测技术发展。例如为了使统计方法更加精准有效，从而将机器学习算法应用其中，使其能够更加精准识别影响竞技状态的关键心理因素，同时还可有效提升绩效表现预判的准确性。在竞技心理测试评估的应用效率提升上，将云端大数据融入其中，突破了传统测量的时空局限，全面提升心理诊断的服务效率。这体现出新兴技术精准高效，可快速、准确地捕捉运动心理测量信息，进行精准提取和预测，从而生成个性化解决方案。

二、认知神经科学中的数字化融合

随着技术的发展，电生理学和神经成像技术已经成为运动心理学的主要研究工具；同时，在人工智能的发展、融合和应用中，也促进了运动认知神经科学的发展。一方面，计算机科学和信号处理技术的出现，使得人们能够用新的方式来理解原始资料；同时，大量的数据积累，利用人工智能技术，如神经网络等分析手段，对人们的认知、心理状况进行了预测。

---

[1] 李杰，刘智愚，王美玲，等.我国优秀散打运动员心理技能与失败应对策略研究[J].北京体育大学学报，2018，41（05）：139-145.

　　首先，在理论上，研究者试图从神经生理学的角度，运用多种信号处理方法，寻求更能体现其行为特点的评估指标。利用 Hodgkin-Huxley 线缆能量方程及动态特性法对静态脑电信号进行能量耗散，并利用其在局部皮层上的激励与抑制比率的变化来反映神经网络的能耗和信息传输效率 ❶。人类大脑的构造及功能网络的联结可以反映出个人在较高层次的认知能力上的不同。另外，利用深度学习技术可以提高大脑图像中的信息抽取与评价，增强了神经影像解析度。另外，该算法还可以实现神经影像的自动划分与标注，为神经影像的处理提供了一种新的思路。其次，从数据驱动的角度来看，利用海量的数据和机器学习等新的算法，建立特征识别和性能预测模型是当前的发展趋势 ❷。目前，在临床上，已经有许多研究将机器学习技术用于精神疾病的特征诊断，通过使用机器学习法，可以对大量的磁共振成像（MRI）进行分析，从而可以鉴别出海马体和扁桃体在阿尔茨海默症发病中的作用，并将其与正常人相区别，并且可以建立脑年龄的预测模式，有助于鉴别癫痫的特点。纽约西奈山医科大学的研究小组率先构建了一套基于深度学习的大型影像资料的算法平台，可以对神经退化的病变进行更精确的评价与诊断。近年来人工智能技术的发展，促进了人们对心理特点的深入挖掘，并对其功能进行了预测。近十年来，在实验技术和先进仪器的共同作用下，运动认知神经科学迅速发展，并为今后在人工智能领域的应用奠定了坚实的基础。

　　近年来，事件相关电势技术（ERP）和功能磁共振技术（fMRI）在运动过程中得到了广泛的应用。ERP 技术由于具有较高的时间分辨能力，常被用来研究开放竞赛中运动员的认知过程和神经活动的变化。MRI 作为一种无创、高空间分辨率的方法，在运动认知领域中得到了广泛的应用。举例来说，乒乓

---

❶ Yu L，Shen Z，Wang C，et al.Efficient coding and energy efficiency are promoted by balanced excitatory and inhibitory synaptic currents in neuronal network[J].Frontiers in Cellular Neuroscience，2018：123.

❷ 李杰，刘智愚，王美玲，张成明，李艳君.我国优秀散打运动员心理技能与失败应对策略研究[J].北京体育大学学报，2018，41（05）：139-145.

球运动员在做发球前判断时，在判断不一致行为时，感觉运动区与语义处理相关的脑区活跃程度高于正常人；排球选手在进行模拟截击时，大脑中负责视觉处理的枕极 - 枕叶梭状回脑区活动较少，显示出较高的神经效能❶；高水平的篮球运动员在投篮时的镜像系统活跃程度高于初学者，并且在进行多个目标跟踪时，出现了脑区活动和不相关信息处理区域的活动。因此，利用任务状态 fMRI 技术来探讨大脑活动的特点，弥补了 EEG 在探索空间特性方面存在的缺陷。另外，在研究运动员的脑组织和机能的可塑性方面，也有了一定的应用。对磁共振成像（sMRI）、弥散张量成像（DTI）和静止状态 fMRI 进行分析，结果表明：运动员的神经可塑性在结构上的改变主要表现为灰质厚度、体积、白质各向异性分数，而在感觉运动、注意系统等方面则有明显的改变❷。以乒乓球运动员和羽毛球运动员为实验对象，采用经颅磁刺激法（TMS）技术进行研究，结果表明，长期的特殊锻炼能促进主动肌相应部位的运动皮质兴奋，从而提高其神经积累水平❸。随着认知神经科学技术的广泛应用，人们越来越认识到选择分析方法和神经特性指标的重要性。与传统心理学的研究范式不同，运动认知心理学所使用的刺激素材大多是复杂的动作场面和动态影像，这些科学问题往往指向复杂的认知过程。在脑电图资料分析方面，与传统 ERP 分析方法相比，频域和时域可以发现更多的自发或事件诱导的脑电活动。利用 EEG 相干、相位同步等指标，可以研究大脑各功能区之间的信息传递和整合，从而反映出更高层次的认知功能❹。例如：在对乒乓球选手动作流畅性的研究中，运用阿尔法波段的同步性、不同电极点位置的 theta 波段的一致性

---

❶ 孟国正.排球运动员决策神经效率的 fMRI 研究 [J].中国体育科技，2016，52（04）：84-90.

❷ 任占兵，胡琳琳，张远超，等.运动技能专家脑可塑性研究进展：来自磁共振成像的证据 [J].中国体育科技，2019，55（02）：3-18.

❸ 戴雯，张剑，谭晓缨.乒乓球和羽毛球运动员大脑可塑性差异比较 [J].中国体育科技，2017，53（06）：127-132.

❹ 武侠，钟楚鹏，丁玉珑，等.利用时频分析研究非相位锁定脑电活动 [J].心理科学进展，2018，26（08）：1349-1364.

进行了评估 ❶；EEG 相干反映了运动员在特定动作的认知中较高的神经效能 ❷；在小波变换基础上进行时频分析，充分发挥了 EEG 信号的高时域精确性，并在每次 50 毫秒的连续变化中，观察到运动员在做动作预判时脑部的活动。此外，新技术的应用使得研究人员能够更好地从脑部成像资料中挖掘出更多的信息，并从中提取出运动员的神经系统优势。运用多项功能活动指数进行静态状态 fMRI 分析，结果显示：舞者的感觉运动系统具有局部一致性（ReHo）、低频振幅（ALFF）、功能连接（FC）等；在脑成像中应用数学图论方法，探讨了大脑的拓扑结构特点，并发现了高水平的篮球选手大脑网络是一个小世界，并且连接路径更短；同时，由于视觉和运动控制之间有一条"高速公路"，可以使外周和中心之间的信息交流更加紧密，并为开放的技术操作提供了有力的支撑。

运动心理学中有关认知神经的研究日益增多，而运动员的脑电图、脑成像等资料也在不断地积累，这为新技术的应用奠定了坚实的基础。在可预见的将来，可以利用机器学习方法进行优秀运动员的特点优势抽取，为运动员的表现预测、选拔和培养、训练模式的选择提供客观的评价指标，并将其用于运动心理技术服务 ❸。

三、数字化可穿戴设备

在体育教学中，如何把理论研究结果运用到体育教学中去，以提高运动员的成绩一直是一个痛点。经过十多年的发展，随着对运动认知的神经机理的

───────────────

❶ Sebastian Wolf, Ellen Brölz, Philipp M.Keune, Benjamin Wesa, Martin Hautzinger, Niels Birbaumer, Ute Strehl.Motor skill failure or flow-experience? Functional brain asymmetry and brain connectivity in elite and amateur table tennis players[J].Biological Psychology，2015，105.

❷ Lu Y，Yang T，Hatfield B D，et al.Influence of cognitive-motor expertise on brain dynamics of anticipatorybased outcome processing[J].Psychophysiology，2020，57（2）：e13477.

❸ 赵祁伟，陆颖之，周成林.新兴技术融合发展下竞技运动心理学研究进展、实践与展望[J].上海体育学院学报，2020，44（11）：18-27，54.

研究和数据采集装置的性能不断提高，神经反馈训练（NFT）已迅速发展并被广泛地运用，它已成为把基础研究与实践相联系的"桥梁"❶。NFT能迅速收集和分析个人的神经活动，并提供有目标的视觉和听觉的反馈，从而实现对神经活动的自我调控，它是最近十年来发展最快、使用最广泛的一种技术。目前，NFT主要通过脑电图技术来展开，其中SMR是最常用的神经活动反馈中感觉运动节律。在进行推杆练习时，使用SMR作为评价指标的NFT选手，其后测成绩明显优于非介入训练者，8组干预后，其击中率及SMR波段能量均有明显提高。除了SMR指数之外，alpha波段的能量值、alphatheta比也是进行NFT的一个重要指标。一项以EEG神经回馈技术为基础的1991～2017年的元分析结果显示，NFT是一种非常有效的培训方法。NFT可以将运动员的脑部神经活动集中在运动任务上，从而有效地抑制外界的干扰，从而促进运动员的运动表现。

同时，要在竞技运动训练中发挥更重要的作用，神经反馈技术仍需克服存在的实际困难。一方面是技术使用过程中的参数拟定。对大部分高水平运动员而言，根据其个体特异性，选取适宜的训练方法，提高反馈训练的针对性，并对训练效果进行及时评估非常重要❷。目前，神经反馈技术针对不同训练科目（如注意力训练、平衡控制训练等）中使用的关键频率指标、监测电极点、训练的组织形式等还未形成完善、稳定的方案❸。另一方面，可穿戴设备的动态采集是实现运动过程中神经反馈技术的重要推动力。动态环境是竞技体育区别于一般认知加工过程的重要因素之一，要获取运动员在真实运动状态下的神经数据，可穿戴设备的性能提升包括两个方面：采集设备的便携性；处理信号、去除伪迹算法的优化。值得庆幸的是，在过去十余年工业技术的发展中，一些

---

❶ Park J L, Fairweather M M, Donaldson D I.Making the case for mobile cognition：EEG and sports performance[J].Neuroscience and Biobehavioral Reviews，2015，52：117-130.

❷ 蒋长好，陈婷婷.脑电生物反馈对认知和脑功能的影响[J].内蒙古师范大学学报（自然科学汉文版），2015，44（01）：129-132，135.

❸ Mirifar A, Beckmann J, Ehrlenspiel F.Neurofeedback as supplementary training for optimizing athletes' performance：A systematic review with implications for future research[J]. Neuroscience and Biobehavioral Reviews，2017，75：419-432.

无线采集技术正在尝试解决上述问题，为真实运动情境下的神经数据采集提供了途径。

在采集设备的便携性方面，研究者比较了干电极与传统湿电极❶，以及无线传输与传统有线传输的信号质量差别❷，通过对各条件下 P300 成分的比较，证明了无线放大器以及干电极在脑电设备中使用的可行性。此外，也有研究者尝试考察近红外采集技术（functional near infrared spectroscopy，fNIRS）在动态情境下实施的可行性，使用可穿戴的 NIRSport 设备测量参与者在乒乓球、弹奏乐器和日常活动中的大脑血氧活动变化，结果显示 fNIRS 在真实运动和生活情境中的测量均具有可靠性❸。当前，开发者正尝试将更小、更轻便、续航能力更强的放大器与数据存储硬盘集成于一体，让采集过程不再受限于烦琐的线缆连接。在进行 EEG 信号采集时，可将设备固定于躯干位置，在执行动作的同时完成数据获取。此外，利用无线传输功能，可在接收端实时查看运动过程中的 EEG 信号变化情况，使高水平运动员神经活动状态的长期监测和即时反馈成为可能。

以上技术的发展为科学研究可穿戴设备的开发打下了基础，但仍需大量基础性研究确保信号采集的有效性。未来，随着可穿戴设备在竞技运动领域的投入使用，运动员神经数据的采集过程将克服环境因素的限制，从实验室转入真实的运动情境，同时也使得运动状态下神经特征的实时反馈成为可能，为科学训练提供新的途径❹。

---

❶ Blanco J A, Johnson M K, Jaquess K J, et al.Quantifying cognitive workload in simulated flight using passive, dry EEG measurements[J].IEEE Transactions on Cognitive and Developmental Systems, 2018, 10（2）: 373-383.

❷ De Vos M, Kroesen M, Emkes R, et al.P300 speller BCI with a mobile EEG system: Comparison to a traditional amplifier[J].Journal of Neural Engineering, 2014, 11（3）: 36008.

❸ Balardin J B, Zimeo Morais G A, Furucho R A, et al.Imaging brain function with functional near-infrared spectroscopy in unconstrained environments[J].Frontiers in Human Neuroscience, 2017: 258.

❹ 赵祁伟，陆颖之，周成林.新兴技术融合发展下竞技运动心理学研究进展、实践与展望[J].上海体育学院学报，2020，44（11）: 18-27, 54.

四、对心理测试数字化融合未来发展的思考

当前，数字化技术的融合发展为竞技运动心理学研究提供了前瞻性的研究方法与工具。运动心理学研究通过对高水平运动员行为和神经活动的探究描述、解释其运动认知能力，并借助当前各类数字化技术力量，实现对运动员心理特征的提取和竞赛状态的预测。未来竞技运动心理学在与新兴技术融合中，应从以下三个方面进行深入研究。

融合新兴技术提升心理测试数据的可利用程度。在心理测试技术现有应用的基础上，加大数据挖掘的深度、提高有效特征的提取率是调控运动竞技状态、预测绩效表现的重要途径。应解决的问题有：如何以移动化心理测试平台为载体，满足运动员在长周期和多地点备战过程中心理状态的跟踪监测；如何借助新兴算法帮助提升心理测试数据的有效解读；如何利用人工智能技术更好地发挥心理测试在运动员竞技状态调控和预测中的作用；如何利用大数据技术纳入更多影响心理状态的相关变量，从而提升心理测试技术在竞技运动领域中应用的全面性和系统性。

借助新兴技术建立绩效表现预测模型。加强识别与运动绩效表现相联系的神经特征，有助于提高反馈技术在心理训练中的准确性和科学性。应解决的问题有：运动员信息加工过程、运动记忆和技能学习的机制是什么；感知和运动的交互过程受哪些认知因素调控；情绪、奖赏、认知决策等高级认知活动如何与运动表现相互作用；如何利用机器学习、神经网络等技术揭示高水平运动员技能表现中的高效节省化优势，进而为运动训练和技能学习提供科学指导。

通过新兴技术推动实时反馈在心理训练中的应用。以可穿戴设备为媒介实现数据采集、实时反馈的动态发展过程，加强心理训练的科学性和有效性，进而提升运动绩效表现。应解决的问题有：如何研发适合多种运动场景的可穿戴设备，满足极端环境的使用需求；如何提升产品性能，保障动态数据的采集质量；如何在心理学研究工具提升的基础上建立运动员特征大数据库，进而提升竞赛状态评估与反馈的有效性；如何实现靶向心理状态核心参数的实时采集与在线分析，进而完善对整个运动状态解读，实现反馈环路的流畅运行。

第五章

数字化体能训练
组织管理

第一节 数字化体能训练数据管理

一、数字化体能训练数据管理意义和作用

体能训练数据管理是运用分析工具对客观、真实的数据进行科学分析，并将分析结果运用到专项训练、体能训练等各个环节中的一种管理方法。从这个定义来看，体能训练数据管理是一类管理工具，那么它的作用也就是为我们日常的体能训练提供服务。只不过这种管理工具和一般的管理方法有所不同，它是用数字化的方式来体现，并且做到绝对量化，以达到数据管理的目的。

1. 数字化数据管理源头

数据是否完整、准确、及时，直接关系到数字化管理的成败[1]。收集数据并非难事，一项体能训练的直接、间接数据可谓成千上万，但关键在于收集、整理得到有效的数据。如果收集到的数据本身不正确或已经过时，即使加工处理过程再正确，输出的信息也是不科学的，只会对进一步的科学研究起误导作

---

❶ 丁靖轶．物流企业实现数字化管理的对策分析 [J]．物流技术，2012，31（21）：429-430，433．

用，这也是很多通过数据收集来对体能训练进行决策效果不佳的原因之一。训练数据的管理必须从研究整体出发，系统掌握信息要素，结合目标导向，有针对性地开展收集、整理，抓好数据的源头。源头工作又可以从多个方面去管理，如打破数据孤岛、确保源头数据准确、促进数据共享等。

2. 数字化数据管理作用

体能训练作为挖掘人类极限潜能的科学工程，将随着数字化和智能化技术的发展而不断强化。将数字化数据管理技术应用到体能训练中，通过信息技术共享，建立体能训练数字化指标体系，对训练过程实施有效监控，对训练环节进行追踪和反馈，科学分析和评价体能训练质量，从而提高体能训练效果。由传统经验向数字化数据管理后，实现精准化、定量化、智能化、高效化的训练方式，创建对体能训练更加有效的具有数据驱动、实时互联、动态反馈和精确供给特征的数字化数据管理创新方法。利用数据管理分析技术对多维度训练数据进行关联分析和深度挖掘，是研究体能训练规律和创新训练方法的新途径，可为提高体能素质、改善体能训练动作和预防训练损伤提供科学的依据❶。

3. 数字化数据管理重要性

当前体能训练已成为实施全民健身计划和促进体育发展的重要研究热点。随着科技进步和多学科交叉融合，体能训练科学化水平快速提高。体能训练是体育训练的重要研究领域，大数据时代的来临，体能训练领域中数据信息与训练决策之间的关系越来越紧密，正逐渐从"由直觉和经验驱动决策，以数据为中心的决策"向"数据驱动决策"的发展方式转变。通过体能训练的评测、监控、方案实施与修正的数据采集、筛选、分析，形成数字化数据管理体系，将为体能训练决策提供有效支持，对加速我国体能训练科学化水平以及运动训练

---

❶ 张伟. 警察数据化体能训练模式研究 [J]. 武警学院学报，2021，37（08）：92-96.

实践和全民健身领域具有广泛的应用价值❶。

（1）科学管理的基础

科学管理的目标是决策准确、措施有效、执行有力。数据化管理是将体能训练中的基本状况，通过翔实的数据直观地展现，并通过适当的分析，明确训练基本状况，发现训练中的不足之处，为组织者提供准确的决策依据，促进组织管理层进行针对性的改进和有效的决策，是科学管理的基础。

（2）科学组训的参考

数据化管理是优秀的管理方法之一。完善的数据化管理能够明确指出体能训练中存在的各类问题，以实事求是的方法辅之以其他的管理手段，能够有效地指导各项体能训练，能够根据问题的严重性与重要性进行有针对性的改善，促进团队的整体进步，从而实现组织管理效能，是科学组训的有效参考。

（3）组织管理改进的关键

优秀的训练管理应该具备完善的运动数据分析体系。一切体能训练，最终都以数据为参考，达成一定的数据指标，循环改进，持续发展。数据化管理存在于训练管理的每个环节，通过参考运用数据管理的体能训练是确保训练整体水平良性发展的关键。

（4）突出量化管理

无论是一般体能训练还是专项体能训练，大部分管理工作都是可以量化的。量化管理是科学管理思想的代表，是一种从目标出发，使用科学、量化的手段进行组织体系设计和为具体工作建立标准的管理手段❷。它涵盖训练手段制定、组织体系建设、对具体目标进行量化管理等体能训练的各个阶段，是一种整体解决训练问题的系统性管理模式。量化管理注重吸收和借鉴自然科学的方法及手段来解决管理问题，把管理活动抽象成数字模型，运用各种数学方法对训练管理结果统计、计算、分析，追求数据管理结果的数量化和精准化，这

---

❶ 孙健，何家欣，闫琪.基于"数据驱动决策"的体育院校专项体能训练研究与进展 [J].广州体育学院学报，2020，40（03）：1-3.

❷ 高炯.大型项目中设计总承包管理要点分析 [J].建筑设计管理，2021，38（06）：44-49.

一定程度上促进了数据管理的科学性、严谨性 ❶。

（5）扩大管理成效、提高管理效率

数据分析本身不能扩大成效或提高效率，只有将正确的分析结果应用到实际训练管理中才能产生成效，只有持续不断地提高管理效率才能称之为数据化管理。

（6）有效地节约管理成本和费用

每个体能训练专项都可以建立独立的数据化管理体系，建立各自管理部分追踪及预警机制，从而达到节约成本和费用的目的。

（7）组织管理、部门协调的工具

同样一个指标，不同的管理者提供的数据可能不一致，这既浪费资源，又不利于标准化管理。日常和数据有关的信息传递应用数据化管理的模式，大大提高组织及部分间的效率，包括：提供正确且有效的数据；提供数据的同时，提供数据结论；建立数据管理模板共享机制。

（8）提高管理者决策的速度和正确性

我们习惯基于经验、深思熟虑之后得出一种结论。如果管理者在经验决策的过程中能够参考必要数据的话，就逐步形成了数据化管理理念。数据化管理是一种全新的管理方法，准确数据是高效的基础和前提，其推广和运用可以促进体能训练的发展，增强体能训练的科学性。

二、数字化体能训练数据管理分类

1.数据安全管理

数据安全管理是数字化发展的重要保证，也是对数字化体能训练数据可靠性的保障。数字化体能训练数据管理可采用工业和信息化部发布的《工业和信息化领域数据安全管理办法（试行）》（以下简称《办法》），《办法》将数据安全进行分类分级管理，等级分为一般数据、重要数据、核心数据三级，从而

---

❶ 谢玥 . 量化管理理论基础探源 [J]. 南通职业大学学报（综合版），2002（01）：73-75.

进一步细化数字化体能训练数据安全管理的办法。

数据安全管理策略：在划分责任主体的同时，要根据数据的类型、数量、安全级别、处理方式和安全风险等采取必要措施，确保数据持续处于保护。第一，建立数据生命周期安全管理制度，针对不同级别数据，制定数据收集、存储、使用、加工、传输、提供、公开等环节的具体分级防护要求和操作规程；第二，明确数据安全管理的主要负责人和责任部门，统筹负责数据处理活动的安全监督管理；第三，合理确定数据处理活动的操作权限，严格实施人员权限管理；第四，制定数据安全事件应急预案，并定期进行演练；第五，定期对团队人员开展数据安全教育培训；第六，法律、行政法规规定的措施。

涉及重要数据和核心数据的，数据处理者应该建立覆盖本单位相关部门的数据安全工作体系，明确数据安全职责，建立常态化沟通与协调机制。在数据收集过程中，应该采取配备技术手段、签署安全协议等措施加强对数据收集人员、设备的管理，并对数据收集的时间、类型、数量、流向等进行记录。通过间接渠道获取的数据，应当要求数据提供方做出数据源合法承诺书。在数据加工过程中不得使用数据挖掘、关联分析等技术手段针对特定的主体进行数据复原等加工处理活动，并加强访问控制，建立登记、审批机制留存记录。在数据管理的传输过程中有必要根据传输的数据类型、级别和应用场景，制定安全策略并采取保护措施，还可采取校验技术、密码技术、安全传输通道或者安全传输协议等措施。

如果在一定周期内需要销毁数据的，应当首先建立数据销毁管理制度，明确销毁对象、流程和技术等，有必要对销毁活动进行记录和留存，并且要求不得以任何方式对销毁的数据进行恢复，这就突出了数据安全管理机制的主体性。因业务约定，或个人依据合法权益，或组织基于保护某种安全原因且由第三方机构提供证明，可以请求销毁。在数字化体能训练数据管理方面，建立数据安全监测预警与应急管理机制是很有必要的，包括建设数据安全监测平台，对数据泄露、违规传输、流量异常等安全风险进行监测和预警，及时组织研判重要数据安全风险并进行预警。

2. 数据库管理

数据库管理属于资料库维持范畴，从更广泛的角度来说，就是从数据库的设计开始，所有数据库的经营行为，主要内容有：建立数据库模型，加载数据，数据库系统的日常维修。从广义上说，数据库管理就是在数据库的运作过程中，执行数据库的作业，如数据服务、性能监测、数据库重组、数据库重构、数据库完整性控制、安全性控制、数据库恢复等。为了给数据库使用者一个良好的可用性、安全、性能优良的数据库环境，需进行数据库的管理，而DBA 负责数据库的管理工作❶。

（1）数据库管理内容

具体包括：

① 建立数据库。包含了数据模型和数据装载两个方面。

② 资料库的调试。在建立了数据库后，经过一段时间的运行，经常会出现不适应的状况，这时就需要进行相应的调整，而数据库的调整通常由数据库管理员（DBA）来进行。

③ 数据库的重组。数据库在运行一段时间后，其性能会逐渐降低，这是因为不断修改、删除和插入导致的。出于以上理由，需要重新排列资料库，重新安排储存空间，这种工作叫作数据库重构。现有的关系数据库管理系统（RDBMS）大多提供了一些实现数据重构的方法。

④ 数据库安全控制和完整性控制。数据库是一个单位的核心资源，其安全非常关键，DBA 必须采取相应的防范措施，防止数据被非法使用和损坏。另外，为了确保数据的正确性，在数据库中输入的所有数据都是正确的，还必须对数据库进行完整性的管理。

⑤ 数据库的失效修复。当数据库中的数据被损坏后，必须立即进行修复，RDBMS 通常会提供这种功能，DBA 将会承担起修复工作的责任。

⑥ 数据库管理。DBA 需要时刻关注资料库的动态变动，并且当出现错误、故障或出现不适应状况时，及时处理。另外，还需要监控系统的运行情

---

❶ 史九林，窦显玉.数据库技术应用基础.北京：清华大学出版社，2009.

况，并根据需要进行相应的修改。

（2）数据库管理优点

具体包括：

① 数据集成化。数据库系统中数据结构统一，全局数据结构是多个应用软件共同使用的，每个程序都会调用本地的数据，整体和局部的结构模式组成了数据的整合。

② 数据具有高度的共享性。低冗余的数据库系统是从全局的视角来观察和描述数据的，数据是面向整个系统的，而不是一个应用程序，所以数据可以被多用户共享。将数据库技术和网络化技术相结合，扩展了应用范围。数据共享可以显著降低数据的冗余，节省存储空间，并防止数据不兼容、不一致。

③ 数据独立性高。数据独立性是指数据源和数据源之间的关系，在数据的物理和逻辑结构发生改变时，不会对数据的利用产生任何影响。

④ 数据管理与控制能力好。数据库系统是数据的统一管理与控制，确保数据的安全、完整。

具体有：数据库系统检查存取使用者的身份和作业是否合法；数据一致性和兼容性的自动检验，确保数据满足完整性的限制；采用并行控制方式，对多个用户的程序进行实时的数据处理，确保了数据的共享和并行运行；恢复功能保证在数据库被损坏时，能够自动地恢复到正常的状态。

3. 数据质量管理

数据质量管理包括：数据的规划、获取、存储、共享、维护和应用的过程；识别、测量和监控各个阶段的各种数据质量问题；一系列的管理措施，如早期预警，并通过改进组织的管理，使数据质量得到了进一步的提升 ❶。数据质量管理功能模块的设计，主要包括：监控对象管理、检测指标管理、数据质量监控；问题跟踪管理、推荐优化管理、知识库管理、系统管理和流程监控，其中流程监控主要有离线数据监控和实时数据监控；问题追踪过程包括问题发

---

❶ 贾春燕，赵亚萍，程艳旗 . 高校数字校园数据质量管理研究 [J]. 广西大学学报（自然科学版），2011，36（S1）：272-275.

现（支持自动检查、人工录入）、问题提示、任务推送；故障定级、故障处理；知识库沉淀。以此构成一个闭环的过程，以评价数据的质量。数据化的身体训练方法是进行数据质量管理的基础。

（1）数据质量评估

因为资料清洁工具一般都是以"资料品质"来称呼的，所以在许多人看来，资料品质的管理，就是修正资料中错误、无用的资料。这种认识是不全面的，事实上，资料清理只是对资料品质的一种处理。资料品质管理，不但包括改进资料品质，也包括改进组织。数据的改进与管理包括：数据分析、数据评估、数据清洗、数据监控、错误预警等。组织改进与管理，包括建立组织质量改进目标，评估组织流程，制定改进组织流程，建立监督审核机制，改进措施，评估改进效果。所有的改进都是基于评价，了解问题所在，然后进行改进。

① 完整性：用来衡量丢失的或不能使用的数据；

② 精确度：用来衡量数据和资料的错误，或资料是否过期；

③ 规范化：用来衡量没有以统一形式储存的数据；

④ 一致性：用来衡量在资讯提供上有矛盾的资料的数值；

⑤ 唯一性：用来衡量数据的重复；

⑥ 关联度：用来衡量缺少或没有建立索引的相关数据。

（2）数据评估维度

① 组态管理：这个维度值用来测量数据在整个生命周期中的所有资源是否被管制和规范，也就是说，在计划、产生、改变直至消失的数据的计划、规范、描述是否受到数据的控制。评价指标主要有：评价项目细化粒度、基线精确度、频率、修改过程的合理性。

② 培训：这个维度用来衡量数据的制造和用户是否在所有的数据生命周期中进行了知识和技能培训，培训效果是否符合工作需求；培训中的知识和技巧是否被审查、验证，培训内容与目标的价值是否符合；培训过程的合理性和是否完善。

③ 验证与确认：这个维度用来衡量数据的有效性。评价的内容包括：是

否通过验证过程来确保资料符合指定的要求；是否通过"确认"过程来保证所规划的环境中的数据符合要求；"验证"与"确认"过程是否完美。

④ 监测：这个维度用来衡量在数据的整个生命周期中生成和利用的过程是否确实受到控制，监控程序是否健全。不受监管的信息、技术、计划、流程、制度，都会造成数据的低劣。

（3）数据质量管理影响因素[1]

影响数据质量的因素主要有四方面：信息因素、技术因素、流程因素和管理因素。

① 信息因素：产生这部分数据质量问题的原因主要有元数据描述及理解错误、数据度量的各种性质（如数据源规格不统一）得不到保证和变化频度不恰当等。

② 技术因素：主要是指由于具体数据处理的各技术环节的异常造成的数据质量问题。数据质量问题的产生环节主要包括数据创建、数据获取、数据传输、数据装载、数据使用、数据维护等方面的内容。

③ 流程因素：是指由于系统作业流程和人工操作流程设置不当造成的数据质量问题，主要来源于系统数据的创建流程、传递流程、装载流程、使用流程、维护流程和稽核流程等各环节。

④ 管理因素：是指由于人员素质及管理机制方面的原因造成的数据质量问题，如人员培训、人员管理、培训或者奖惩措施不当导致的管理缺失或者管理缺陷。

4. 主要数据管理

主要数据管理是一组规则、技术和解决方案，用以建立和保持数据的一致性、完整性、相关性和准确性。"管理"是主要数据管理的核心，主要数据管理无法建立新资料或资料的新架构。它提出一种可以让运动训练组织者利用数据化的方法，高效地对分布系统中的数据进行管理。主要数据管理利用已有

---

[1] 刘益江. 数据仓库的数据质量分析与评价 [D]. 广州：广东工业大学，2012.

的系统，从系统中获得最新资讯，并为现时的技术与程序，自动、准确、及时地分析各阶段的运动资料，并加以校核。主要数据管理的主要功能有：匹配与合并，用以辨识和整合来自一种或多种来源的资料；广泛的单元格级关联与历史记录，对数据内容进行详尽的稽核追踪；可以在所有资料来源和应用程序间使用所有相关资料的中心资料库。

（1）管理方法

多域主数据的实现主要有 MDM（Master Data Management，主数据管理）应用程序和 MDM 平台两种方式。MDM 应用程序通过具体数据模型，将业务逻辑或功能和图形用户接口相结合，适合解决单一、明确的业务问题。这就像是为一个团队购买了一个自动的应用软件来管理一个应用。MDM 平台是通过 MDM 平台方法，使企业能够灵活地定义自己的数据模型，根据所定义的模型生成逻辑和函数，并且能够根据相关的功能对图形用户接口进行配置。虽然有时候企业需要寻找一种可以迅速执行的 MDM 计划，以便在有限的时间内解决紧迫的商业困难，但是，如果要扩大 MDM 执行，或者为了处理未来的突发事件，那么，采用 MDM 平台就是减少全部所有权成本并加速实现价值的最好方法。

（2）主要数据管理应用

在一个统一的平台上，采用一个成熟的、多个领域的 MDM，实现了对点的统一，简化了结构，减少了维护费用，改善了数据治理。MDM 主要包括：

① 建模：定义任何类型的主数据的弹性数据模型；

② 确认：对重复的条目进行快速的匹配和精确的确认；

③ 解决方案：为了创建一个可靠的、唯一的真正的源；

④ 关联：显示各种主要资料的关联；

⑤ 治理：主要数据 MDM 的创建、使用、管理和监控，为商业用户和数据管理员提供一个强有力的界面，使得数据管理和异常处理都能方便地进行。

5. 元数据管理

元数据是所有系统、文件及过程中所有资料的背景。换言之，在企业 IT

系统中，没有元数据，就没有任何意义，也没有任何实用价值。元数据的价值是建立在行业标准和最佳实践的基础上的。元数据管理与主数据管理、数据治理一样，都是以元数据为基础。如果没有对元数据进行有效的管理，那么就无法对主要的数据进行有效的管理。当前，虽然组织实施了数据治理计划，但并未解决元数据的管理问题，但仍取得了一定的成效。元数据是对数据进行结构化的描述，便于理解、查找、管理和使用。

（1）元数据管理功能

① 说明：反映信息对象整体的内容、属性等，能够区分各种特定的信息对象。

② 检索：组织信息客体，建立各种信息客体的联系，为使用者提供多层次、多途径的查询系统，方便快捷地获取资讯。

③ 选项：使用者可以对所检测到的物体进行选择。

④ 定位：为资源提供地点资讯。

⑤ 管理：处理、归档、组织信息资源；利用资料，对权限等进行管理。

⑥ 评估：将信息资源的利用和评估等保留下来。

⑦ 互动：在对一个复杂的物体进行描述时，可以通过一些数据项目的信息来进行反馈，从而使数据库的构建更为精确。

（2）元数据管理的重要性

元数据是数据管理、数据内容和应用的基础，为企业在治理领域内的数据管理提供数据支持；就资料的内容而言，为企业提供资料，确保产品数据的准确和及时的使用。而数据的真实价值就是数据能够引导决策，好的元数据管理能够让企业更好地利用数据来引导业务，从而达到数据化的运作。

（3）元数据管理模式

从技术的角度看，元数据管理一般包括元模型管理、元数据审核、元数据维护、元数据版本管理、元数据变更管理等功能。

① 元模型管理。元模型管理即基于元数据平台构建符合 CWM 规范的元

数据仓库，实现元模型统一、集中化管理，提供元模型的查询、增加、修改、删除、元数据关系管理、权限设置等功能，支持概念模型、逻辑模型、物理模型的采集和管理，让用户直观地了解已有元模型的分类、统计、使用情况、变更追溯，以及每个元模型的生命周期管理。同时，支持应用开发的模型管理及元模型的全生命周期管理 ❶。元模型生命周期中有三个状态，分别是：设计态、测试态和生产态。设计态的元数据模型，通常由 ERWin、PowerDesigner 等设计工具产生。测试态的元数据模型，通常是关系型数据库，如 Oracle、DB2、MySQL、Teradata 等，或非关系型数据库，如 MongoDB、HBase、Hive、Hadoop 等。生产态的元数据模型，本质上与测试态元数据差异不大。通过元数据平台对应用开发三种状态的统一管理和对比分析，能够有效降低元数据变更带来的风险，为下游 ODS、DW 的数据应用提供支撑。

② 元数据审核。元数据审核主要是审核采集到元数据仓库但还未正式发布到数据资源目录中的元数据。审核过程中支持对数据进行有效性验证并修复一些问题，例如缺乏语义描述、缺少字段、类型错误、编码缺失或不可识别的字符编码等。

③ 元数据维护。元数据维护就是对信息对象的基本信息、属性、被依赖关系、依赖关系、组合关系等元数据进行新增、修改、删除、查询、发布等操作，支持根据元数据字典创建数据目录、打印目录结构，根据目录发现、查找元数据，查看元数据的内容。元数据维护是最基本的元数据管理功能之一，技术人员和业务人员都会使用这个功能查看元数据的基本信息。

④ 元数据版本管理。在元数据处于一个相对完整、稳定的时期，或者处于一个里程碑结束时期，可以对元数据定版以发布一个基本版本，以便日后对存异的或错误的元数据进行追溯、检查和恢复 ❷。

⑤ 元数据变更管理。用户可以自行订阅元数据，当订阅的元数据发生变更时，系统将自动通知用户，用户可根据指引进一步在系统中查询到变更的具

❶ 大唐软件数据管理平台的特点及应用 [J]. 电信技术，2009（09）：69-71.
❷ 阮凌志. 数据治理视角下的科学数据湖存储模式研究 [D]. 上海：华东师范大学，2021.

体内容及相关的影响分析。元数据管理平台提供元数据监控功能，一旦监控到元数据发生变更，就在第一时间通知用户。

（4）元数据类型

① 业务元数据。业务元数据描述数据的业务含义、业务规则等。通过明确业务元数据，让人们更容易理解和使用业务元数据。业务元数据消除了数据二义性，让人们对数据有一致的认知，避免"自说自话"，进而为数据分析和应用提供支撑。常见的业务元数据有：业务定义、业务术语解释等；业务指标名称、计算口径、衍生指标等；业务规则引擎的规则、数据质量检测规则、数据挖掘算法等；数据的安全或敏感级别等。

② 技术元数据。技术元数据是对数据的结构化，方便计算机或数据库对数据进行识别、存储、传输和交换。技术元数据可以服务于开发人员，让开发人员更加明确数据的存储、结构，从而为应用开发和系统集成奠定基础。技术元数据也可服务于业务人员，通过元数据理清数据关系，让业务人员更快速地找到想要的数据，进而对数据的来源和去向进行分析，支持数据血缘追溯和影响分析。常见的技术元数据有：物理数据库表名称、列名称、字段长度、字段类型、约束信息、数据依赖关系等；数据存储类型、位置、数据存储文件格式或数据压缩类型等；字段级血缘关系、SQL 脚本信息、ETL 抽取加载转换信息、接口程序等；调度依赖关系、进度和数据更新频率等。

③ 操作元数据。操作元数据描述数据的操作属性，包括管理部门、管理责任人等。明确管理属性有利于数据管理责任到部门和个人，是数据安全管理的基础。常见的操作元数据有：数据所有者、使用者等；数据的访问方式、访问时间、访问限制等；数据访问权限、组和角色等；数据处理作业的结果、系统执行日志等；数据备份、归档人、归档时间等。

三、体能训练数据分项管理

1. 体育专业技术考核中的数据管理

专项体能测试是根据运动员的技术动作结构、能量代谢特性、肌肉神经系统的功能来进行的，根据不同的项目，分析和诊断出运动员的特殊运动能力，从而为体能训练的评价提供参考。专项运动的重点是与专业相结合，在此基础上，运用 Smartjump 弹跳技术可以对运动员的下肢爆发力进行评价；可以通过 Fitlight Trainer 反应灯系统来评价反应性操作速度；Gymaware 力量强度测验系统可以提供上肢推、拉、蹬、伸、RM 的评价[1]；Smartspeed 速度敏感试验系统对速度和 Y 形跑折线跑、T 形跑折线跑的敏感性评价都有很好的应用价值；Highermed 运动心肺功能测定仪可以有效地评估最大吸氧量和无氧能力；三维地面测力跑道可以评定运动员的速度和力量[2]。运动员专项体能训练的评估是运动员提高竞技水平的一个重要保证，它是通过对运动员在运动过程中所展现的外部运动学机理和内在的生物力学机理进行全面的评估，并将运动员的不同运动特点、运动员的能力结构以及运动员的成功要求相结合，对运动员的各个训练阶段进行个体化的诊断，保证对身体的弱点进行准确的诊断。在大数据的今天，精准化、数据化的评价显得尤为重要。数字体能训练是建立在体能评估数据分析的基础上，通过对训练数据的跟踪、实时的反馈，对训练的进程进行动态的调整，长期跟踪、积累有效数据，可以对运动员的状态、训练质量、身体发展趋势进行评估。

2.专项体能训练过程实时监控的数据管理

专项体能训练是带有明显专项特征、对专项竞技能力有直接促进作用的体能训练方法，数字化实时监控是实现专项体能训练过程中数据驱动决策的关键环节。如摔跤项目更加突出 3～6 分钟极限强度与高强度的间歇训练，通过高强度心率区、完成功率来实施即时监控；Plyometrics 训练是田径短跨项目非常重要的专项体能训练方法之一，训练过程中重点监控运动员完成动作时的触

[1] 王一然.基于"数据驱动决策"的体育院校专项体能训练研究与进展 [C]// 第八届中国体能高峰论坛暨第二届中国体能训练年会书面交流论文集，2021：1015-1019.

[2] 孙健，何家欣，闫琪.基于"数据驱动决策"的体育院校专项体能训练研究与进展 [J].广州体育学院学报，2020，40（03）：1-3.

地时间（低于 0.18s）才会获得更好的训练效果等。当前各类先进仪器设备与信息化训练平台的建立，促进了运动员个体信息的数据档案与实时训练数据的交互，例如立足于神经肌肉控制的动态平衡台（Reaxing），基于速度的力量训练（VBT）传感器、运动感知训练频闪眼镜、Omegawave 竞技状态综合诊断系统、SmartSpeed 光电速度与灵敏性训练系统、BSstrong 血流阻断加压抗阻训练带、监控有氧耐力的智能穿戴设备、基于卫星定位技术的 Catapult 运动表现监测系统、战术训练现场虚拟模拟器等等。通过应用多种先进的体能训练设备和 Smartabase 大数据训练平台，使教练员和科研人员针对体能训练，建立数据搜集、存储、统计并可视化分析的数据管理平台，对体能训练质量进行精确的量化分析和评价，根据不同训练阶段的监控结果提出优化运动员专项能力的训练方案，并对优化方案的训练效果进行监控，促进体能训练从数据到信息的转化❶。

3. 专项体能训练方案实施修正的数据管理

随着电脑与网络技术在运动训练中的运用，运用资讯科技进行资料分析，推动运动决策的工作便已经展开。在身体训练中，根据实际情况做出的决定要比直觉、假设和经验做的决定要可靠得多。采用数据驱动的方式，可以对运动员的身体发展和变化趋势做出正确的判断，从而促进体育锻炼的创新。近几年，体育科学工作者越来越重视训练实务中的资料价值。要实现个性化、精准的健身计划，必须对运动员各个阶段的身体评价数据进行采集和分析，并将其归档化；以训练过程中各种资料的分析为基础，通过对特殊体能训练的实时监测，及时地检验和反馈训练质量、训练效果、训练个体状况，并据此进行相应的调整。在技术进步的背景下，先进的仪器设备和训练平台，对运动员的数据进行了更多的分析，可以实时地获取运动员的身体状况，从而可以对训练的实

❶ 王一然.基于"数据驱动决策"的体育院校专项体能训练研究与进展 [C]// 第八届中国体能高峰论坛暨第二届中国体能训练年会书面交流论文集 .2021：1015-1019.

际情况进行实时的执行和调整，不仅可以提高运动员的训练效果，还可以让教练员和科研人员对运动员的运动能力及状态发展水平有一个明确的了解。多学科的渗透、高技术的应用，使得体能训练的科学化程度得到进一步的提升。各种数据的有效分析，不但可以帮助指导人员和运动员在实际训练中优化训练方案和结果，同时也使得各种数据与训练决策的联系更加密切，将训练实践从"凭感觉、凭经验"到"以数据为导向"的发展模式，使选手从最初的竞技状态过渡到最终的比赛状态。比如，2016年北京市体育科学研究院设立了"数字体能训练试验室"，之后全国体育总局训练局、各大体育院校、各省市体育科学研究院纷纷设立了体能训练中心或实验室，围绕体能评测、实时监控、专项体能训练等方面开展体能训练，从个体化培训的制定与追踪、数据呈现、数据挖掘等角度，对体育教学中的数据驱动和双向调节进行了探讨。

第二节　数字化体能训练科学研究管理

当前，数字化转型不仅成为企业顺应社会变革、提升竞争能力的必然选择，也为体育事业加快科研管理、管理流程、管理组织架构等方面的变革提供了新的路径。体能训练科研管理数字化转型是在体能训练科研管理的主要业务中，运用现代信息通信技术、数字化管理理念，通过搭建信息系统和共享科研资源，实现管理决策、管理架构、管理流程的数字化，从而不断优化组织管理模式、提高科研管理效率和水平的过程[1]。体能训练科研管理数字化转型将是一个漫长而庞大的工程，如何利用数字化技术高效规范地将科研活动、管理决策和各种科研信息资源有机组织起来，是数字化体能训练科研管理亟待解决的问题。

---

[1] 杨晶，韩军徽，李哲.促进科研管理数字化转型的对策[J].科技导报，2021，39（21）：80-86.

一、科研与管理数字化体能训练的重要性

1. 以资料为基础的经营管理

以数据为主导的数字技术，对提高体育教学科研管理宏观统筹协调、科研组织模式创新、项目管理过程优化具有重要意义。从整体上看，将体育锻炼各部门的信息资源进行综合，并以团队购买服务、协议约定、依法提供等形式，对研究机构所产生的海量数据进行综合分析研判，实现有效的协同管理。在研究组织模式上，必须根据信息化发展的新特征，持续创新组织模式，提高组织效率，以保证在遵循科学研究的基本原则下，为培训做出强有力的支持。从企业的经营过程来看，利用数字技术对培训计划的编制、实施和考核等基本的工作流程进行研究，利用大数据协作工作规范与自然语言加工技术，可以为科学研究奠定坚实的科学依据，从而使研究资金与实践的联系更加紧密。

2. 坚持以科技人才为中心的思想

当前我国科技发展面临着以"以人为本"的趋势，研究人员是以科学研究为核心的"终端使用者"，而研究管理的终极目标就是让广大科研工作者能够更好地与其进行有效的沟通。一方面，建立即时、泛在、精确的信息交流模式，可以帮助企业、高校、科研机构更快速、准确地发现和把握科研工作者的需要；在个体等创新活动中，能够实现即时和高效的交互。同时，利用数码技术可以将不同的零散信息进行集成，充分利用信息集成的优点，构建出最好的使用体验的数字化终端，由此，使"数码化经营 - 全链条一体化 - 革新驱动"的力量增强。

3. 加快科技创新的开放性分享

在数字社会，科研工作越来越依赖大量、系统、高可信性的资料，公开地分享给科研人员，公众和个人都能从中获益。例如，在公众健康方面，随着不同管辖区域内人员流动日益频繁，信息交流与分享成为一种紧迫的需求。

二、体育科研数字化教学中存在的几个问题

决策缺乏"数据说话"的氛围，基础数据模糊不清，难以准确、科学地执行和决策。而目前对科学研究的数字化理解，还没有真正涉及数字化的实质，也就是一套数字化的管理手段，也未实现资源的最优分配。

1. 数据孤岛，数据分散，形成"瓶颈"

从整体上看，数字体育教学在科学研究中所累积的科学数据并不统一。各个部门或组织都有自己的资料储存机构，但往往不愿共享资料，造成课题分散、重复及资源浪费。目前，我国各级各类单位的科学研究资料采集和统计工作存在着一定的不足，尚无统一的资料标准及形式。除了涉及机密的科学数据之外，数据的统计和分析能力没有能够进行实时的数据统计和联系，造成了数据割裂和碎片化的问题。

2. 缺乏市场化和社会化的参与

要突破传统的封闭经营，必须集中更多的市场和社会的资源来进行科学研究。有关部门和市场的新的协作方式还不够活跃，比如新的基础设施建设和科研资源的数字化服务外包等都没有被普遍采用。在积极地引进社会资源的过程中，由于缺乏对高素质人才的有效引导，"以用户为导向、以需求为导向、以应用为导向"的基本观念尚未成型，用户人数的增加和用户的使用体验均未能实现预期的目标。

3. 关于数字保密和个人信息泄露的问题

由于各院校之间、企业与学术界之间数据流通的机遇日益增多，很可能导致诸如电子保密、个人信息泄露等问题。最近几年，经常出现资料泄漏的情况。在科学研究过程中，如果发现与科学研究有关的项目和结果，将会对个人、组织乃至整个民族的发展造成严重的影响。另外，随着数据的生产、存储和分析越来越多，个人的隐私权问题也越来越突出。

第三节　数字化体能训练考核与评估管理

数字化体能训练考核与评估管理要有一套具体的系统来进行，着眼有效提升体能训练科学化水平，运用人工智能物联网技术开发的物联网终端产品，由大数据平台、机器人、手持终端等部分组成。数字化智能控制体能训练计划、考核、评估、统计分析等全过程，满足考核评定和日常训练要求。系统在实施过程中通过机器视觉、边缘计算、智能传感等先进技术，实现对引体向上、俯卧撑、仰卧起坐等动作类课目的肢体识别、成绩判定和动作纠偏，实现对各类中长跑、蛇形跑等跑步类项目自动计时、自动计圈和成绩判定，同时综合了语音交互、身份识别、教学示范、大数据统计分析等多种功能，并具有轻便易用、便于维护管理等特点。

一、考核标准数字化管理

管理系统着眼解决体能训练中存在的现实问题，将粗放式训练精准化、模糊式标准明确化、定性式评估数据化、经验式指导智能化，提供了一整套完整的解决方案。建立大纲教程数据字典，解决训练标准掌握不精准、尺度执行不严格的问题。针对体能训练组织过程中标准难统一、组织不规范，以及长期存在的经验式、粗放式组训组考等问题进行数字化标准评估。体能训练类考核如果根据考核者的主观判断来做依据，评估结果模糊不统一，缺乏科学依据，通过特定的系统实现数字化依据作为考核标准更为便捷和精准，提高考核评估的价值。在设定标准值的基础上，系统能准确检测动作幅度、动作夹角及稳定性的分析，通过报警系统实时体现动作过伸与过屈等。

1. 建立成绩评定标准

依据大纲要求，将人员类别、性别、年龄与其对应的项目类型、成绩标准、评分标准进行数据化处理，并对比融合个人、单位成绩评定规则，对比的标准先由个人同时期的成绩变化与同时期此项目分类和整体成绩进行分析，与此同时得出在级别、类型、性别、年龄等方面的差异，以及个人训练成绩和整体成绩的差距。通过大数据处理分析，最终建立在设定范畴内不同级别或不同类型人员的考核成绩标准数据库，健全成绩评定标准的精准检索与匹配，通过数字化的管理使成绩评定标准更加科学化。

2. 建立动作规范标准

因为训练的组成是单个动作的组合，训练水平的高低很大程度上取决于单个动作的标准性。有一个标准范围后，再将人体运动看作是一个完整的运动链进行反复练习，所以依据教程要求，将每个项目具体动作分解为一系列标准化子动作，并对子动作的评判规则进行数字化定义，形成项目动作标准数据字典，建立成绩评判规范衡量尺度。例如，通过动作捕捉等系统数据分析工具，做到记录人体各种运动姿态、获取人体运动参数、动作模式识别、运动规律分析、对动作的预判，实现体能训练过程中人体运动姿态的分析研究和模拟，由系统捕捉跟踪器位置，再经过计算机处理后得到三维空间坐标的数据，当数据被计算机识别后，可以应用在动画制作、步态分析、生物力学、人机工程等领域。从技术的角度来说，运动捕捉的实质就是要测量、跟踪、记录运动个体在三维空间中的运动轨迹，从而达到监测训练中动作的合理范围及存在的规律和风险。通过惯性动作捕捉系统的实时监测和及时反馈，把动作的屈伸度、旋转度、外展内收以及动作随着时间的推移所呈现出的变化，采用多样本存储积累、集中整合分析等方法，把体能训练动作规范在一个科学性强、安全可靠、训练效率高的一个范围值里，提升数字化在科学体能训练上的地位。

3. 提供精准教学示范

系统包含丰富全面的教学组训多媒体资源，能够差异化定制训练计划，针对性适配训练方法，可视化示范项目动作，科学化提升训练效益。在设定相对标准值的基础上，系统充分发挥数字化优势，准确检测动作幅度、动作完成度及稳定性的分析等，通过报警系统实时体现动作过伸与过屈等现象，最终通过数字化的呈现，不仅在示范动作规范上，并且通过多次示范分析对比，形成动作数据库，针对不同教学方法的效果科学分析，并根据不同专业、不同年龄的数据对比，及时反馈、实时监测，有针对性地提升体能训练成果。依托数字化系统实现体能训练教学示范数据化，可建立个人体能训练数据库，有力提升体能训练的教学效果。

二、考评末端数据数字化管理

融合机器视觉数字化智能运算，解决训练考核数据采集不规范、分析运用不充分的问题，针对体能训练考核中存在的末端数据人工采集方式滞后、填报比较随意、统计不够全面、分析运用不够充分等问题进行数字化精准管理。

一方面，利用人工智能机器视觉识别对象、动作、时长等训练元素，通过边缘计算，自动采集训练末端源数据，将传统的人工计算填报转变为智能化采集、精确化计算，确保训练数据的实时性、准确性和真实性。另一方面，利用大数据分析功能，自动评估体能训练对象体能成长态势，精准呈现体能数据画像，自动筛查偏训漏训项目，深度挖掘训练潜力，为精准组训、科学决策提供支撑。

三、考核过程数字化管理

自动获取留存影像数据，解决体能训练过程监管不到位、督导纠改无依据的问题。注重利用信息技术数据实时传输、海量存储、精准运算等特点，拓展体能训练系统的功能应用。

1. 实时考核监控

机器人在进行智能识别的同时，可自动选择有效的训练影像进行拍摄留证、即时回放和分类存储，既拓展了新型高效的监察方式，又提供了原始真实的纠改依据，也留存了来自一线的体能训练素材。

2. 海量数据应用

通过系统管理端，实现各种层级、类型海量考核数据的汇总、存储、分析、运用，通过数据的深度挖掘，为全面掌握训练现状、精准指导训练提供辅助决策。

四、数字化体能训练考核一体化管理

整合多种需求一体多用，解决资源配置不集约、保障效益难提升的问题。紧贴现实应用，坚持集约化设计，努力提升数字化系统的经济实用性。

1. 整合多种项目训练功能于一体

数字化系统提供涵盖体型、计次类、计时类、计距类、动作质量类项目的训练和监察功能，无需单独购买各类项目训练和监控设施，简化数字化体能训练的操作程序和管理流程。

2. 整合多种应用场景于一体

数字化系统提供训练模式、管理模式、考核模式三种使用模式，承担教练员、组训者、考评员三种角色，构建了专业化的教学和体能训练考核平台。

3. 整合多种训练条件建设需求于一体

根据数字化体能训练的宗旨，在训练考核管理上要充分利用数字化系统管理功能，不分训练场地、训练设施，随机部署、便捷撤收、易于存储，有效提高保障资源使用效益。

第六章

数字化体能训练
运动损伤与康复

第一节　数字化体能训练运动损伤与康复概述

一、运动损伤概述

1.运动损伤的基本概念

从广义上讲，运动损伤（athletic injury）通常是指在参与体育竞技运动训练过程活动中，人体局部会发生的以软组织损伤（soft tissue injury）为主的各种伤害。从狭义上讲，运动损伤通常是仅指人体自身在各种体育项目运动训练过程中，身体所直接发生过的局部的损伤。运动损伤不同于人类一般的体力工作或一般日常生活劳动中受到的损伤，它通常与体育竞技运动或项目特性及竞技、战术动作特点等密切相关。

2.运动损伤的基本分类

（1）按运动损伤的部位及关节分类

按因参与运动导致所遭受损伤的部位进行分类，主要受伤种类包括头颈部损伤、腰背部损伤、肩部损伤、肘关节韧带损伤、腕部肌肉组织损伤等软组织损伤和其他损伤，如髋、膝、踝部神经损伤等。

受伤后按主要关节功能障碍分类，主要类型有肩关节脱位损伤、肘关节错位损伤、桡腕关节脱位损伤、掌腕关节移位损伤、胸椎关节错位损伤、髋关节移位损伤、膝关节错位损伤和膝关节脱位损伤等类型。

（2）按运动损伤的病程分类

急性损伤指在发生急性物理损伤后的瞬间受到暴力或一次意外作用而直接致伤，伤损后症状迅速出现。此类损伤的显著特点为发病急、症状骤起。常见的急性损伤有关节扭伤、骨折、脱位、肌肉拉伤等。

慢性损伤一般是指长期局部负荷过大，超过了自身组织能够承受的负荷所致损伤，常见的有慢性骨关节或软组织损伤等，通常考虑与日常生活中姿势不当等有关，或者是微细损害后，而引起慢性病理过程为主的一类损伤。如果局部肌肉、韧带等部位长期维持较大张力，可能会导致局部软组织损伤，持续时间过久出现慢性损伤。

陈旧伤和其他急性严重损伤愈合后或因伤早期严重失治后或后期处理治疗不当等也会间接导致新的局部组织损伤。此类损伤的显著特点是病程长、病情绵延。

（3）按运动损伤的组织结构分类

可以粗略地分为皮肤黏膜组织的损伤，肌肉、肌腱韧带等损伤，关节软骨和组织等损伤，耻骨联合韧带损伤，滑囊韧带损伤，神经脊髓组织损伤，血管平滑肌组织损伤，内脏器官软组织损伤以及骨骼损伤等。常见的临床运动性损伤包括：肌肉与韧带损伤（肌肉的抽拉捩伤及肌肉纤维断裂）；挫伤；骨骼损伤（四肢、颅骨、脊椎骨折）；关节损伤，如大关节脱位；脑部损伤，如脑震荡；内脏损伤，如内脏膜的急性破裂及坏死出血等。

（4）按损伤后皮肤或黏膜是否完整分类

局部开放性的损伤处皮肤表层或组织黏膜等的功能完整性可遭到局部破坏，受伤后组织内有小裂口且与外体表黏膜（即外界）相通。常见的开放性损伤有皮肤擦伤、刺伤、撕裂伤等，严重的开放性损伤还包括四肢开放性骨折等。

组织闭合性皮肤损伤愈合后，皮肤黏膜或皮下组织黏膜等仍基本保持形态完整，受伤表皮组织基本无明显裂口，也不与体表（即外界）相通。常见运动部位的闭合性组织损伤有关节肌肉扭挫伤、关节韧带软组织扭伤、肌肉韧带撕拉伤，以及闭合性骨折等。

（5）按运动技术与训练的关系分类

慢性运动性技术伤是一些与竞技运动的项目、技战术动作等密切相关所致的局部损伤，多为慢性软组织损伤，如拍网球肘伤、投掷肘伤、跳跃膝伤等。此类开放性损伤一般也有少数属于急性伤，如肱骨投掷关节骨折、体操及技巧等运动训练中导致的后跟腱膜断裂受伤等。

其他非运动性技术伤多是在运动比赛中引起的身体意外伤，如软组织挫伤、骨折、擦伤、韧带撕裂、扭伤、出血等。

（6）按运动能力丧失程度分类

在轻度拉伤和轻度受伤休息后一般仍可能照常进行一般体育活动或力量训练，基本不大会影响身体活动恢复能力。

轻中度伤受伤处理后可能需要重新进行门诊训练治疗，不能保证按照正常训练时间计划继续进行正常的训练，需要逐渐减少其伤处活动量或彻底停止伤处训练。

身受重伤虽已几乎完全康复但仍不能正常训练，需要经较长时间稳定的康复住院治疗。

二、数字化康复概述

（一）运动康复与数字康复概念

1. 运动康复

运动康复是一种通过专业的运动训练和物理疗法，帮助病人恢复正常的生理功能和身体活动能力的康复方法。它是针对各种疾病或伤害后的康复治疗，旨在通过科学的运动训练和康复疗法，使患者的身体功能尽快恢复到最佳状态。运动康复的主要目标是帮助患者恢复身体功能，提高生活质量，包括恢复患者的运动能力、提高身体的灵活性和力量，以及改善身体的整体健康状况。运动康复的方法包括运动训练、物理疗法、按摩疗法等，适用于广泛的疾病范围，如骨折、脱臼、肌肉拉伤等运动伤害，以及中风、帕金森病等神经系

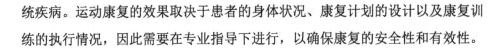

统疾病。运动康复的效果取决于患者的身体状况、康复计划的设计以及康复训练的执行情况，因此需要在专业指导下进行，以确保康复的安全性和有效性。

2. 数字康复

数字康复是指以数字化的手段、人性化的设计为依托，借助智慧物联、大数据算法与人工智能，帮助患者将已经丧失或受损的功能尽早恢复。

举例来说，以往人们失眠时依靠的是药物治疗，存在解决办法同质化的现象，而希迪克将数字化思维渗透到康养领域，集数字采集、人工智能分析以及软、硬件产品于一体，输出睡眠医学中心解决方案，从挂号问诊、评估检查、睡眠干预到后期康复全程数字化，如 24 小时睡眠监测，患者的相关数据自动生成，医生可根据此数据及时调整方案。

（二）数字化康复治疗的手段与方法

数字化康复治疗中的最常用医疗手段方式和辅助方法主要有运动疗法、物理因子疗法、作业辅助疗法、语言疗法、疗养与康复辅助护理治疗等，再结合数字化手段，通过物联网技术、大数据算法等方式，形成数字化运动康复处方，从而对点治疗、对病康复。

1. 运动疗法

运动疗法又可以称为医疗体育，是临床康复及医疗训练中最重要的和最常用的康复功能和训练方法，对身心康复都有帮助。常用的传统运动保健疗法包括医疗体操、手法推拿、牵引，以及传统保健功法（如太极拳、八段锦）等。

数字化运动康复结合中国传统医疗理念，通过健康运动缓解损伤，达到医疗功效。随着数字化的发展，运动疗法已不仅限于个人行为，可通过使用医疗康复仪器、数字化 3D 影像、VR 数字康复训练和个人信息数据库等数字化信息系统制定个人的数字化运动康复处方。例如，记忆性按摩器可缓解肌肉酸痛、局部抽筋等症状，同时将易出现损伤部位进行重点警示。

2. 物理因子疗法

其指利用一系列物理因子作用于人体产生不同效果，如冷热场、电场、磁场以及不同频率的声波场等的物理作用。将多种模式与数字化有机结合，大数据分析康复对象所需治疗方式与选择何种"场"，同时为各种场的控制提供最有利范围，通过数字化控制，将康复对象的身高、体重、血液含氧量等基本条件综合分析和适时调节，从而达到更加积极的治疗康复效果。

3. 作业疗法

作业治疗（Occupational Therapy）是康复医学的重要组成部分，其宗旨是协助身心障碍者选择、参与、应用有目的性和有意义的活动，去预防、恢复或减少与生活有关的功能障碍，提升作业活动，包括个人自理、休闲娱乐、生产性活动三个方面的参与，促进其最大程度躯体、心理和社会适应功能的恢复，增进健康，预防能力的丧失及残疾的发生，引导其达到个体最佳的生存状态，使之可以参与并贡献社会，在生活环境中得以发展。

（三）数字化康复评定

数字化康复评定是指在临床医学检查的基础上，对运动伤病患者的功能状况及其运动能力，运用数字化、信息化的检测手段，进行客观、定性或定量评估，并对结果做出数字化分析的过程。数字化的康复行为评定主要强调康复整体功能状态、日常生活中活动的状态评估和个体社会化实践参与活动能力的评定，旨在实现对每个患者自身的各项功能障碍情况进行更加具体详细的和个性化的数字心理剖析，找出问题关键，进行更具针对性的智能康复训练。

1. 评定目的

主要目标是进一步明确运动系统损伤部位和其功能障碍性质、范围、程度等，明确了患者未来的治疗康复护理需求方向和患者希望能够达到的目标评价，指导确定最佳康复与治疗康复方案选择，综合评定疾病康复的治疗及效果评定和评估判断预后。

2. 评定时间

① 初次评定。在开始临床康复治疗计划前初步的检查和评定，主要作用是为了解病人存在可能的临床问题、功能状态情况和其可能的影响因素，以作为将来制定临床康复服务计划方案的依据。

② 中期评定。了解运动功能恢复程度，注意全身情况的恢复和存在的问题，对原有的计划进行调整，每1～4周评定1次。

③ 终期评定。是恢复运动或参加比赛前的全面评估，了解是否达到预期目标，判断是否能够恢复竞技比赛，提出继续康复治疗的方案和预防再损伤发生的注意事项。

3. 评定方法

（1）关节活动范围（range of motion，ROM）的测定

关节活动范围有主动与被动之分，即关节活动范围分为主动活动范围和被动活动范围。主动的关节活动范围是指作用于关节的肌肉随意收缩使关节运动时所通过的运动弧；被动的关节活动范围是指由于外力使关节运动时所通过的运动弧。

可使用关节量角器测量关节活动度（ROM）。测量时需注意体位选择，以解剖学站立位时的肢体位置定为0°起始位。以测量双膝关节ROM为例，应先确定标准的膝关节屈曲测量姿势，再将量角器的轴心对准膝关节中心的骨性标志，使双侧膝关节围绕该轴心进行屈伸运动，以达到最大屈曲限度。具体操作时，将量角器的固定臂按规定垂直或水平放置，可移动臂随膝关节运动调整，对准关节屈曲时肢体纵轴方向的另一骨性标志。一般将固定臂垂直向前或水平向后摆放，移动臂随关节运动调整角度，待关节活动至最大限度后，直接从量角器刻度上读取数值，即可得出当前膝关节的活动角度。由主动运动所测出的角度为主动关节活动角度（AROM），反之，被动运动所测出的角度为被动关节活动角度（PROM）。

（2）肌力评定

肌力（muscle strength）是指在肌肉活动或肌群收缩运动时能产生足够的力量。肌力的评定是康复治疗和运动功能恢复的重要指标之一。肌力的评定法是在临床医学诊断和康复医学中较常用到的肌肉运动时功能状态评定诊断技术，也是一个最简单基本可行的方法。

肌力的评定方法在鉴别肌、骨、神经系统，尤其是神经周围与神经系统等病变检查中应用尤为广泛，其主要诊断目的是要判断机体有无肌力明显下降迹象、有无肌力持续下降现象，以及发生程度范围与速度范围，为正确制定各种治疗、训练活动计划方案提供基本依据。

测定肌力的试验方法很多，包括最传统的手法测试、等长度测试、等弛张程度测试及等速测试。这些测评方法又可分为徒手肌力检查和器械肌力检查两类。

影响肌力的因素包括：肌肉纤维的基本生理及其解剖和横断面、肌肉纤维的最初长度、肌肉纤维的募集、肌纤维的生长及其走向和它与肌腱长度之间相互的比例关系、杠杆效率等。

肌力评定采用 Lovett 法，将肌力分为 0、1、2、3、4、5 六个级别。每级的肌力指标分别依据肌肉收缩时活动表现、带动的小关节活动范围、抵抗的重力作用和阻力等要素确定。具体评定的标准如下。

0 级为肌群无明显收缩，代表符号为 zero，简写为 Z。评定的结果一般为：完全瘫痪，肌力强度约为正常肌力水平的 0%。

1 级指肌群也有肌肉的收缩，但它却还不能完全直接地使关节进行活动，代表号码符号为 tace，简写为 T。评定的结果一般为：做肌后运动有较明显心肌收缩及无力活动的异常迹象，肌力损失水平约为正常肌力水平的 10%。

2 级指做肌群的收缩张力能使肢体肌肉群在去除重力条件作用下也可继续作小关节活动或在全肌范围活动，代表的符号为 poor，简写为 P。评定的结果为：差，肌力值约为正常肌力数值的 25%。

3 级指肌性收缩仍能使肢体肌肉完全抵抗上述外加重力负荷或能作大关节

运动等全节范围活动，但肌肉仍还不能完全充分地抵抗上述的外加阻力，代表符号为 fair，简写为 F。评定的结果为：肌力尚可，肌力值约为人体正常水平肌力数值的 50%。

4 级指肌束性收缩还能使肢体肌肉得以抵抗部分的重力载荷作用和消除该部分产生的外加机械阻力，代表符号为 good，简写为 G。评定的结果为：良好，肌力强度为人体正常最大肌力水平的 75%。

5 级指肌张弛收缩能使肢体活动充分伸展抵抗任何重力的牵引作用及全身肌肉得到充分收缩松弛而抵抗外界任何的外加阻力，代表符号为 normal，简写为 N。评定的结果为：正常，肌力强度为正常肌力值的 100%。

（四）数字化康复的现状

数字化康复正在改变现代康复医学的方式和效果。随着技术的不断发展和应用的推广，数字化康复有望在未来成为康复治疗的重要手段，并提供更好的康复结果和用户体验。数字化康复正成为现代康复医学中的重要领域。随着技术的进步和普及，数字化康复应用和技术赋予了患者更多的参与度和自主性，提供了更便捷、有效和个性化的康复治疗方式。以下是数字化康复的一些现状：

（1）应用范围扩大：数字化康复已经广泛应用于不同领域的康复治疗，包括物理康复、运动康复、言语康复、认知康复等。它们可以用于各种康复目标，如恢复肌力、增强平衡能力、提高运动协调性、改善语音表达能力等。

（2）技术进步：数字化康复应用的技术不断进步，包括传感器技术、虚拟现实技术、人工智能和机器学习等。这些技术使得康复治疗更加智能化、个性化和有效。

（3）远程康复：远程康复成为数字化康复的重要发展方向。通过互联网和移动应用，患者可以在家中进行康复训练，并与康复专家进行远程沟通和监护。这种模式有助于减少就诊次数、提高康复效果，并方便患者在日常生活中得到连续的康复支持。

（4）数据驱动的康复：数字化康复应用收集和分析患者的康复数据，如运动数据、心率数据、语音数据等。这些数据可以使康复专家更全面地了解患者的康复进展和需求，并支持制定个性化的康复计划。同时，数据分析还可以帮助研究人员和医疗机构改进康复治疗方法和提高康复成效。

（5）用户体验和参与度提升：数字化康复应用注重用户体验和参与度，通过游戏化、交互性和个性化等手段，使患者更加积极主动地参与康复治疗。这种积极参与可以促进康复效果的提高，并提升患者对康复过程的满意度和持续性参与。

（6）机遇与挑战：数字化康复的发展仍面临一些挑战，如技术可靠性、隐私安全、数据互操作性等问题。同时，数字化康复应用在不同地区和医疗机构中的普及程度也存在差异，还需要进一步的研究、政策支持和合作来推动数字化康复的发展及应用。

谈到数字化康复的现状，以下是一些重要方面：

（1）数据分析和人工智能：数字化康复提供了大量的康复数据，这些数据可以通过数据分析和人工智能技术进行处理和分析。通过对患者的康复数据进行深入分析，可以发现模式、趋势和个体化康复需求，从而指导康复治疗计划的优化和个性化。人工智能算法和机器学习模型可以利用这些数据来提供预测和推荐，帮助医护人员做出更准确的决策。

（2）远程康复：数字化康复为远程康复提供了便利性和可行性。患者可以在家中或其他地方进行康复训练，通过远程监测和远程指导来获得专业的康复护理。这对于那些身体行动不便、居住在偏远地区或需要长期康复的患者来说尤为重要。远程康复还可以减少患者到医疗机构的频繁往返，节省时间和成本。

（3）科学研究和证据支持：在数字化康复领域，越来越多的科学研究正在进行，用于评估数字化康复应用的效果和有效性。这些研究为数字化康复提供了更多的证据支持，并有助于制定更具科学依据的康复治疗指南。科学研究也有助于推动数字化康复的创新和发展，以满足患者和医护人员的需求。

（4）教育和培训：数字化康复的发展需要专业人员具备相关的技能和知识。因此，教育和培训在数字化康复领域变得越来越重要。医护人员需要了解数字化康复技术的使用和应用，以及如何有效地评估和管理患者的康复进展。同时，患者和他们的家人也需要教育和培训，以了解如何正确地使用数字化康复应用，并获得最大的康复效益。

总体而言，数字化康复正以迅猛的发展势头改变着康复领域。通过技术的创新和应用，数字化康复为患者提供了更加个性化、便捷和高效的康复服务。然而，仍然有一些挑战需要克服，例如数据隐私和安全性、技术标准的制定以及人员培训等。随着各方的努力和持续的研究，数字化康复有望进一步发展，为患者带来更好的康复结果和生活质量。

（五）数字化运动康复的应用

数字化运动康复应用在监测、指导、个性化计划和数据管理方面提供了许多优势，能够帮助患者更有效地进行运动康复训练，并提高康复结果。它们为康复专业人员提供了更全面的工具和资源，以支持他们在康复过程中的决策和实践。

数字化运动康复应用可以在不同层面上支持和促进运动康复过程。以下是数字化运动康复应用的一些具体应用领域：

（1）运动监测和分析：通过传感器和智能设备，数字化运动康复应用可以实时监测患者的运动和姿势。例如，通过穿戴设备、运动追踪器或运动摄像头，可以记录关键运动指标，如运动幅度、速度、角度和力量。这些数据可以帮助康复专业人员评估患者的运动能力，并跟踪康复进展。

（2）运动指导和反馈：数字化运动康复应用可以通过提供实时指导和反馈来支持患者的正确运动执行。例如，应用程序可以根据患者的动作姿势提供视觉或声音反馈，以纠正错误运动或姿势，并鼓励正确的运动模式。这有助于患者掌握正确的技术和运动技能，提高康复效果。

（3）个性化康复计划：数字化运动康复应用可以根据患者的特定需求和

康复目标提供个性化的康复计划。基于患者的评估结果和康复要求，应用程序可以生成特定的训练计划，包括运动练习、力量训练、柔韧性练习等。这些计划可以根据患者的进展进行调整和更新，以确保康复过程的有效性和效果。

（4）虚拟现实训练：数字化运动康复应用还可以利用虚拟现实技术提供沉浸式的运动训练体验。通过戴上虚拟现实头盔，患者可以参与虚拟环境中的模拟运动活动，如跑步、跳跃、灵活性训练等。这种虚拟现实训练可以增强患者的参与感和动力，同时提供更加真实和具体的运动场景，以促进康复进展。

（5）数据管理和追踪：数字化运动康复应用可以帮助康复专业人员管理患者的康复数据并进行跟踪。通过应用程序或在线平台，医护人员可以记录和存储患者的运动数据、康复进展和相关评估结果。这些数据可以用于评估康复效果、制订治疗计划、与患者进行交流和监测康复的长期结果。

（6）智能反馈和引导：数字化运动康复应用可以提供实时的智能反馈和引导，帮助患者准确执行运动和姿势。通过运动传感器或摄像头，应用可以分析患者的运动数据，并及时提供反馈，如动作正确性、姿势调整、运动范围等。这种智能反馈可以帮助患者了解他们的运动执行情况，并帮助他们纠正错误动作，以最大限度地提高康复效果。

（7）远程监测和远程康复：数字化运动康复应用可以通过互联网或远程通信技术实现远程监测和远程康复。康复专业人员可以在远程监督下评估患者的运动情况、提供指导和反馈，并调整康复计划和目标。这种远程监测和远程康复可以使患者在家中进行康复训练，减少了对诊所或医院的频繁访问，并提高了康复的灵活性和可及性。

（8）社交互动和支持：数字化运动康复应用可以提供社交互动和支持，帮助患者与其他康复者、康复专业人员和支持团体进行交流和分享经验。这些应用可以包括在线社区、讨论论坛、虚拟训练小组等，患者可以在这些平台上交流和互动，从其他人的经验中获得启发和支持，同时与康复专业人员沟通。

（9）数据分析和机器学习：数字化运动康复应用可以利用数据分析和机器学习技术进行数据挖掘和模式识别。通过分析大量的运动数据和康复结果，应用可以发现患者的运动模式、康复趋势和风险因素，并据此提供个性化的康复建议和预测。机器学习算法可以根据患者的特征和康复数据，优化康复计划和预测康复进展，从而提供更精准和有效的康复支持。

（10）督导和复原计划：数字化运动康复应用可以帮助患者在康复过程中保持督导和遵循复原计划。这些应用可以提供提醒功能，定期提醒患者进行康复训练和活动。应用还可以跟踪和记录患者的康复进展，并向患者和康复专业人员提供报告和分析，以评估康复的有效性和调整康复计划。

以上是数字化运动康复应用的一些具体例子，这些应用的发展将为患者提供更个性化、方便和有效的运动康复服务，并在促进康复过程中起到积极的作用。

（六）数字化与运动康复结合的发展趋势

当今这个时代，数字化已经渗透进了各行各业中。随着全民健身热潮的兴起，数字化与体育锻炼的结合也愈发紧密。数字化与运动康复结合的更具体发展趋势包括智能传感器和可穿戴设备的应用、应用程序和在线平台的开发、人工智能辅助康复、云计算和大数据分析的应用以及虚拟助手和语音交互技术的使用。这些趋势将进一步推动数字化运动康复的创新和进步，并提供更加便捷和个性化的康复服务。

1. 大数据分析技术

数字化技术最厉害的一点就在其数据的海量性，以及智能化的爬虫技术对海量数据进行大数据分析处理。

大数据分析处理技术对进行专业训练的人而言，可以通过数字化的分析得出运动员的身体各部分机能情况以及需要针对其弱势进行训练的专业方案，教练也可以通过大数据对每位运动员进行分析，制定个性化的战术策略，这样可以更有针对性地制定体能训练方案和成功率更高的比赛方案，从而达到事半功倍的效果。云计算和大数据分析的快速发展为数字化运动康复提供了更强大的支持。通过将康复数据存储在云端，并应用数据分析技术，可以获取更全面的康复信息和见解。这样的数据分析可以帮助康复专业人员评估康复计划的效果、预测康复进展，并为康复决策提供依据。

对非专业的体育运动爱好者而言，可以通过大数据分析技术为体育运动爱好者量身定制符合他们自身条件的运动计划，从而最高效地帮助体育运动爱好者达到运动目的。

2. 物联网技术

物联网技术是互联网技术的应用拓展。其通过智能感知、智能识别以及相应的大数据计算等智能技术，实现物品与物品之间的联系。体能运动者可以通过物联网技术收集到运动者的体征数据，从而调整和改进训练方法，提升运动者的运动效果和相应的技能。例如，内置摄像功能的训练头盔可以达到全面监测运动员训练过程中的各项指标的功能。同时，现在市面上广泛流行的智能手环也是通过物联网检测的功能，实现监测使用者运动轨迹、脉搏、心率以及体表温度的作用。越来越多的应用程序和在线平台专门针对运动康复的数字化支持而开发。这些应用程序和平台可以提供康复训练指导、动作演示视频、实时反馈和报告生成等功能。患者可以通过移动设备或计算机使用这些工具进行个性化康复训练，并与康复专业人员进行互动和沟通。

3. VR 技术

VR 技术改变了传统体育的教学方式。相较于传统的体育教学而言，VR技术为虚拟现实"沉浸式"体验教学提供了可能性。通过 VR 技术，运动者可以不必"亲历"运动现场，只需要带上 VR 设备，就可以"身临其境"地进入运动状态。现今，这种体验在游戏领域中运用最为广泛，主要应用在滑雪、皮划艇、冲浪、跑酷等难以在现实环境中开设的体育课程中。智能传感器和可穿戴设备的发展将对数字化运动康复产生深远影响。这些设备可以实时监测患者的运动和生理参数，如姿势、力量、平衡和心率等。通过收集并传输这些数据，康复专业人员可以追踪患者的康复进展，并根据实时数据进行康复计划的调整和优化。越来越多的应用程序和在线平台专门针对运动康复的数字化支持而开发。这些应用程序和平台可以提供康复训练指导、动作演示视频、实时反馈和报告生成等功能。患者可以通过移动设备或计算机使用这些工具进行个性化康复训练，并与康复专业人员进行互动和沟通。

4.人工智能（AI）辅助康复

人工智能技术在运动康复中的应用也越来越受到关注。AI可以分析大量的康复数据，识别模式和趋势，并提供个性化的康复建议。同时，AI还可以模拟康复环境，为患者提供虚拟导师或伴侣，提供实时指导并激励患者坚持康复训练。虚拟助手和语音交互技术也开始应用于数字化运动康复中。通过与虚拟助手进行语音交互，患者可以获取康复指导、设置提醒、记录康复数据等。这种智能化的交互方式可以提高患者参与度和便利性，使康复过程更加方便和易于管理。

第二节　数字化体能训练运动损伤预防

随着科技的进步和生活质量的不断提高，人们对运动的需求也在不断提升，而体育活动或体育比赛经常引起各种各样的运动损伤，这些运动损伤会影响人们日常生活、工作和学习等各个方面。合理的运动损伤防护和伤后恰当的运动康复，是减少运动参与者受伤风险、加速伤后恢复运动训练和发挥最佳运动表现的重要举措，因此，掌握各种运动损伤的原因、临床表现、功能评估、康复方法与预防措施等知识显得尤为重要。

一、挫伤

数字化技术在挫伤预防中具有广泛的应用前景。通过提供教育指导、运动监测、虚拟现实训练、应用程序和在线平台等手段，可以帮助人们理解挫伤的产生原因和机制，并采取相应的预防措施，减少挫伤的发生率。数字化预防不仅可以提供个性化的指导，还可以促进信息分享和社交互动，建立一个协力防护的安全运动环境。数字化康复在挫伤恢复和预防中具有很大的潜力和优势。通过个性化康复方案、实时监测和反馈、数据分析和评估、虚拟现实技术以及教育与预防，数字化康复能够提高康复效果、减少再次受伤的风险，为挫伤患者提供更加全面和有效的康复服务。

1. 挫伤的定义

挫伤是指由钝性的外力作用于身体，造成的以皮内、皮下及软组织和/或内脏出血、肿胀为主要病理改变的闭合性组织损伤。挫伤的实质是损伤组织内部较小的静脉或较小的动脉导致其破裂出血，流出的血液主要集聚在皮下疏松的结缔组织、脂肪层内、内脏被膜或浆膜下以及实质器官的内部。挫伤的面积大小、损伤组织的形态改变及出血程度则与其所受钝性外力的大小和局部组织或脏器的结构特点有关。

2. 挫伤产生原因

挫伤是一种普遍发生在日常生活中的损伤类型，常见于运动、事故、摔倒等情况。数字化康复在挫伤的恢复和预防中发挥着重要的作用，可以通过数字化技术来提供精准、个性化的康复方案，加速恢复过程并减少再次受伤的风险。挫伤的产生原因多种多样，主要包括以下几个方面：

（1）运动或活动不当：不正确的体位或动作姿势、无准备的剧烈运动、过度训练等引起的挫伤。

（2）外力作用：例如交通事故、跌倒、碰撞、撞击等外界力量导致的皮肤和组织的挤压损伤。

（3）长时间的压力：例如长时间处于一姿势不动或长时间对某一部位施加压力所导致的挫伤。

3. 挫伤产生机制

挫伤的产生机制涉及外力作用对皮肤和组织的影响，主要包括以下几个步骤：

（1）压迫和挤压：外力作用使组织受到压迫和挤压，造成组织结构的变形和损伤。

（2）血管损伤：挫伤过程中，血管受损，引发出血、血管痉挛和炎症反应。

（3）组织破坏和损伤：挫伤导致组织细胞的损伤和破坏，细胞膜破裂，释放细胞内物质，引发一系列生物学效应。

挫伤是指皮肤或软组织受到摩擦或挤压造成的损伤，它可能引起疼痛、红肿、擦伤和瘀伤等症状。康复评估和治疗对于挫伤的恢复至关重要。下面将介绍挫伤的康复评估和治疗的一般步骤和常见方法。

4. 挫伤的康复评估与治疗

（1）评估病史和症状：医生或康复专业人员会询问患者关于挫伤发生的情况和症状的描述，例如疼痛程度、肿胀程度、局部感觉和功能受损情况等。

（2）身体检查：医生或康复专业人员会对挫伤部位进行详细的身体检查，包括观察皮肤状况、检查肿胀程度、触摸挫伤区域以评估疼痛和局部的感觉反应，以及评估挫伤对周围关节和肌肉的影响。

（3）功能评估：康复专业人员可能会使用各种测试和评估工具，如活动度测试、力量测试和功能性评估等，来评估患者的运动能力和功能受损程度。这些评估可以为制定个性化的康复计划提供依据。

常用的治疗方法如下：

（1）休息和保护：在挫伤初期，休息是重要的。患者需要避免再次受伤，允许受伤区域恢复和修复。保护受伤部位可以使用适当的绷带、石膏或护具，以减轻压力和保护挫伤区域。

（2）冷热疗法：冷敷和热敷可以帮助减轻疼痛和减轻肿胀。在初期，冷敷可以减少炎症和肿胀；在后期，热敷可以促进血液循环和组织修复。

（3）疼痛管理：疼痛是挫伤常见的症状之一。医生可能会建议使用非处方的止痛药或局部止痛药来缓解疼痛。在某些情况下，可能需要使用处方药物来控制疼痛。

（4）物理治疗：物理治疗是挫伤康复的关键部分。物理治疗师可以使用各种技术和方法，如手动疗法、牵引、温热疗法、电疗法和运动疗法等，以帮助患者减轻疼痛、恢复肌力和灵活性，促进组织修复和功能恢复。

（5）康复锻炼：康复锻炼是挫伤恢复的关键环节。康复专业人员会设计特定的锻炼方案，包括肌肉强化、关节活动度和平衡训练等，以帮助患者恢复正常的运动功能。

（6）教育和自我管理：康复过程中，医生和康复团队会向患者提供相关的教育和自我管理指导，包括如何正确使用支具、绷带，如何避免再次受伤，以及如何进行康复锻炼等。

5. 数字化技术在挫伤康复和预防中的应用

数字化技术在挫伤的康复和预防中发挥着重要作用，可以通过以下方式实现：

（1）提供教育和培养意识：数字化平台可以通过提供教育资讯、信息分享和意识提醒等功能，帮助人们了解挫伤的产生原因、危险因素以及如何预防。通过在线平台和应用程序，用户可以获得有关正确使用防护装备、安全运动技巧和急救措施等方面的指导。

（2）运动监测和数据分析：智能传感器和可穿戴设备可以监测人们的运动习惯和行为，例如步态、姿势和运动力度等。通过数据分析，可以识别出潜在的危险动作和运动模式，并提供个性化的建议和预防措施，以减少挫伤的发生。

（3）虚拟现实技术：虚拟现实技术可以模拟危险场景，帮助人们进行安全训练和模拟实践，以增强意识和应对常见挫伤情况的能力。通过与虚拟环境互动，用户可以获得实践经验，提高应对挫伤的技能和反应速度。

（4）应用程序和在线平台：数字化应用程序和在线平台可以提供有关安全运动指南、挫伤急救措施和康复建议等信息。用户可以通过这些平台获取预防挫伤的指导，了解如何正确使用防护装备和采取安全措施，以减少受伤风险。

（5）数据分享和社交互动：数字化平台可以促进用户之间的信息分享和社交互动，例如在线社区、讨论论坛和社交媒体。通过分享挫伤预防的成功经验、安全技巧和警示案例，可以加强群体意识和互助，提高整体的挫伤预防水平。

二、肌肉拉伤

数字化技术为肌肉拉伤的预防提供了许多新的可能性。通过运动监测和分析、虚拟教练和技术指导、个性化预防计划以及在线社区和教育资源的应用，可以帮助人们了解肌肉拉伤的产生原因和机制，并采取相应的预防措施，最大限度地降低拉伤的风险。

1.肌肉拉伤的定义

肌肉拉伤是指肌肉或肌腱在过度拉伸或受到外力冲击时发生的组织损伤。它是一种常见的运动损伤，通常与运动过度、不正确的姿势、肌肉疲劳或缺乏适当的热身和伸展等因素相关。

骨骼肌在主动强烈收缩或被动过度拉长时，通常可以造成急性闭合性的肌肉拉伤。肌肉拉伤可以发生在肌腹与肌腹的交界处，也可以发生在肌腱附着于骨骼处。当前的临床研究发现，肌肉拉伤多出现在与肌肉最大离心收缩有关的肌腱连接处，常见于短跑运动和引体向上等。肌肉拉伤一般可以影响一组功能相同或相近的肌肉或肌群，但是，肌肉拉伤也可能会影响到其他肌肉或肌群的工作（如协同肌、固定肌等）。

2.肌肉拉伤产生的原因

（1）运动过度：过度进行高强度的运动或长时间的重复运动，使肌肉处于过度紧张状态，容易导致肌肉拉伤。

（2）不正确的姿势：不正确的身体姿势和运动技巧可能会导致肌肉承受不正常的压力和张力，增加了拉伤的风险。

（3）缺乏适当的热身和伸展：热身和伸展可以增加肌肉的灵活性和血液循环，减少肌肉受伤的风险。缺乏充分的热身和伸展会增加肌肉拉伤的概率。

（4）肌肉疲劳：肌肉疲劳会导致肌肉力量和协调性的下降，降低肌肉稳定性，从而增加肌肉拉伤的风险。

（5）运动参与者缺乏预防运动损伤的知识。

（6）运动前的准备活动不充分，运动者肌肉的生理功能尚未达到适应剧烈活动所需要的状态就投入到剧烈的体育运动中去。

（7）运动参与者训练水平较低，此类运动参与者肌肉力量薄弱，肌肉的伸展性和柔韧性较差，疲劳或负荷过度则易引起肌肉拉伤。

（8）运动参与者近期的生理状态不良或运动过程中注意力不够集中。

（9）体育教师、教练或相关人员的教学训练和比赛活动的安排不当，而引起运动员的肌肉疲劳但未能得到及时的恢复。

3. 肌肉拉伤的产生机制

（1）超过弹性限度：当肌肉受到过度拉伸或猛烈撞击时，肌肉组织会超过其弹性限度。这会导致肌肉纤维的断裂或损伤，引起拉伤的发生。

（2）纤维结构损伤：肌肉由许多纤维组成，这些纤维通过肌腱连接。在拉伤时，这些纤维可能发生撕裂、扭曲或断裂，导致肌肉损伤。

4. 肌肉拉伤的康复评估与治疗

（1）评估病史和症状：医生或康复专业人员会询问患者关于肌肉拉伤发生的情况，如拉伤的部位、疼痛程度、运动损伤的机制等，还会评估症状，包括疼痛、肿胀、活动范围限制以及肌肉力量和功能的受损程度。

（2）身体检查：医生或康复专业人员会对拉伤区域进行详细的身体检查，包括观察肌肉的外观、触摸拉伤区域以评估疼痛和肿胀程度，以及评估受损肌肉的力量、灵活性和稳定性。

（3）影像学检查：有时可能需要进行 X 射线、MRI 或超声波等影像学检查，以评估肌肉拉伤的程度和确定其他相关损伤，如骨折或肌腱撕裂等。

相应治疗方法如下：

（1）初始治疗：初始治疗包括休息、冷敷、压迫和抬高（RICE 原则）。休息是为了避免进一步的损伤，冷敷有助于减轻疼痛、肿胀和炎症，压迫可帮助控制血流和肿胀，抬高可以减少血液回流到受伤区域。

（2）疼痛管理：在初期，疼痛可能是拉伤患者最常遇到的问题之一。医生可能会建议使用非处方的止痛药或局部止痛药来缓解疼痛。在某些情况下，可能需要使用处方药物来控制疼痛。

（3）物理治疗：物理治疗在肌肉拉伤康复中起着重要作用。物理治疗师可以使用各种技术和方法，如热敷、冷敷、电疗、按摩和康复锻炼等，以促进伤口愈合、减轻疼痛、恢复肌力和灵活性，并提供逐渐增加的运动和活动。

（4）康复锻炼：康复锻炼对于肌肉拉伤的恢复至关重要。康复专业人员会设计特定的锻炼方案，包括肌肉强化、柔韧性训练和功能性训练等，以帮助患者恢复正常的运动功能。

（5）应激适应和预防：一旦康复过程进展顺利，康复专业人员可能会介绍应急适应技术和预防措施，以降低再次受伤的风险。这可能涉及改变运动技术、增加稳定性训练、使用支具或增加运动前的热身活动等。

5. 数字化技术在肌肉拉伤预防中的应用

（1）运动监测和分析：通过智能传感器和可穿戴设备，可以对运动过程进行监测和分析，了解肌肉受力情况、姿势正确性等。通过分析数据，可以识别出不良姿势和潜在的拉伤风险，并提供针对性的改进建议。

（2）虚拟教练和技术指导：借助虚拟现实技术和应用程序，可以提供针对性的运动指导和技术培训，确保正确的姿势和运动技巧。虚拟教练可以模拟真实场景，帮助用户练习正确的肌肉使用方式，减少拉伤的风险。

（3）数据驱动的个性化预防：通过收集用户的运动数据并进行分析，可以为每个个体提供定制化的预防计划。这些计划可以包括针对性的热身和伸展建议、适宜的训练强度和时间，以及休息和康复的建议，以降低肌肉拉伤的潜在风险。

（4）在线社区和教育资源：创建在线社区和提供教育资源可以促进用户之间的交流和知识分享。借助数字化平台，用户可以获取有关肌肉拉伤预防的信息、策略和实践经验，并从其他用户的经验中受益。

三、关节韧带损伤

数字化预防方法为关节韧带损伤预防提供了新的可能性。通过运动数据监测和分析、运动技术指导、个性化训练计划和数据驱动的康复，可以帮助降低关节韧带损伤的风险，并提供个性化的预防措施，以保持关节的稳定性和功能。

1. 关节韧带的定义

关节韧带是由胶原蛋白组织组成并将骨骼彼此紧密连接的结构，其主要功能是确保关节的被动稳定，此外，现有研究表明关节韧带也具有非常重要的本体感觉的功能。韧带内含有许多不同的神经纤维末梢，为神经系统提供关于身体位置、运动和疼痛等信息。而这些信息是协调和控制关节周围肌肉的关键所在，尤其是膝关节、踝关节和肘关节等。关节韧带是连接骨骼之间的弹性组织，它们起着支持和稳定关节的作用。然而，关节韧带容易受到损伤，一旦发生损伤，可能导致关节不稳定和功能障碍。数字化预防方法可以帮助减少关节韧带损伤的风险，并提供个性化的预防策略。

关节韧带损伤的数字化预防是利用数字化技术和数据分析来预防关节韧带损伤。它包括使用传感器、可穿戴设备和应用程序，监测和分析运动数据，以及提供个性化的预防建议和指导。

2. 关节韧带损伤产生原因

（1）运动外力：关节韧带受到外力冲击、扭曲或过度拉伸时可能发生损伤。例如，剧烈运动、意外摔倒、碰撞或扭转动作可能导致韧带的拉伤或撕裂。

（2）运动失控：不正确的姿势、技术不熟练或运动控制失调可能增加韧带受伤的风险。运动过程中突然改变方向或变速，缺乏适当的身体平衡和动态稳定性也可能导致关节韧带损伤。

（3）运动过程中运动参与者的注意力不够集中，例如篮球运动员在起跳以后落地不稳等意外也会引起同类的损伤。

3. 关节韧带损伤产生机制

（1）拉伸：当关节韧带受到过度拉伸时，可能超过韧带组织的弹性限度，并可能导致韧带的扩展和变形。这种过度拉伸可能损伤韧带组织的结构和弹性纤维。

（2）撕裂：在更为严重的情况下，关节韧带的拉伸可能导致韧带组织的撕裂。这种撕裂可能发生在韧带组织内的纤维束之间或与骨骼结合的韧带部位。

4.关节韧带损伤的康复评估与治疗

（1）评估病史和症状：医生或康复专业人员会询问患者关于韧带损伤发生的情况，如损伤的关节、受伤的机制、疼痛和活动受限的程度等，还会评估症状，包括疼痛、关节稳定性、肿胀和活动范围限制。

（2）身体检查：医生或康复专业人员会进行详细的身体检查，包括观察关节的外观、触摸检查受伤区域以评估疼痛和肿胀程度，以及评估受损韧带的稳定性和关节的活动范围。

（3）影像学检查：有时可能需要进行 X 射线、MRI 或超声波等影像学检查，以评估韧带损伤的程度、确定其他相关损伤（如骨折）并帮助制订治疗计划。

相应的治疗方法如下：

（1）保护和休息：初期治疗的重点是保护受伤的韧带，以防止进一步损伤。这包括使用支具或绷带固定关节，避免过度活动，并给予休息时间，以促进韧带愈合。

（2）冷敷和压迫：冷敷可以减轻疼痛和肿胀。通过在受伤处应用冷敷物（如冰袋）可以缩小血管，降低炎症反应。压迫可以帮助控制血流并减少肿胀。

（3）提升和运动：在适当的时候，康复专业人员会设计特定的运动和活动计划，以帮助恢复受伤关节的功能。初期的运动可能侧重于关节的活动范围恢复和肌肉力量的逐渐增加。根据情况，可能会使用热敷来促进血液循环和肌肉放松。

（4）物理治疗和康复锻炼：物理治疗师可能会使用各种技术和方法来帮助康复，包括热敷、冷敷、电疗、按摩、牵引和康复锻炼。康复锻炼通常包括肌肉强化、平衡训练、稳定性练习和功能性训练，以加强关节支持结构和恢复正常运动功能。

（5）手术：在一些严重的韧带损伤情况下，可能需要手术修复受伤的韧带或进行重建手术。手术后，康复过程将根据手术类型和医生的建议进行调整。

5. 数字化技术在关节韧带损伤预防中的应用

（1）运动数据监测和分析：通过传感器和可穿戴设备，可以实时监测和记录运动数据，例如关节角度、速度和力量等。这些数据可以通过应用程序进行分析，识别出运动过程中存在的潜在风险因素，并提供个性化的预防建议。

（2）运动技术指导：数字化平台可以提供运动技术指导和反馈，帮助用户改进姿势、提高运动控制和动作质量。通过实时视觉反馈、虚拟教练或仿真技术，用户可以了解自己的运动技术错误，并采取适当的措施以降低关节韧带损伤的风险。

（3）个性化训练计划：基于用户的运动数据和个体特征，数字化平台可以生成定制化的训练计划。这些计划将根据用户的强度、柔韧性和稳定性水平，提供适当的锻炼建议和防护措施，以预防关节韧带损伤。

（4）数据驱动康复：在关节韧带损伤发生后，数字化技术可用于康复过程监测和指导。医疗专业人员可以利用运动数据和远程监控功能，评估康复进展，并为康复计划提供个性化的调整建议。

四、踝关节韧带损伤

数字化预防方法为踝关节损伤提供了新的可能性。通过运动数据监测和分析、运动技术指导、个性化训练计划和数据驱动的康复，可以帮助降低踝关节损伤的风险，并提供个性化的预防措施，以保护踝关节的稳定性和功能。

踝关节是人体中相对较常受伤的关节之一。踝关节损伤通常包括踝韧带拉伤、扭伤或骨折等。数字化预防方法可以帮助降低踝关节损伤的风险，并提供个性化的预防策略。

1. 踝关节韧带损伤原因

踝关节韧带损伤的产生原因多种多样，其中包括：

（1）运动外力：踝关节常受到外力的冲击和扭曲，例如突然改变方向、意外摔倒、不稳定的着陆等。这些因素可能导致踝关节韧带的过度拉伸或扭曲，导致损伤发生。

（2）运动控制不良：不正确的运动姿势、技术不熟练或运动控制失调可能增加踝关节损伤的风险。缺乏足够的强度、柔韧性和平衡能力，会使踝关节在运动中容易扭曲或受伤。

2. 踝关节韧带损伤机制

踝关节的软组织结构由三组韧带共同维持其稳定状态，这三组韧带分别是外侧韧带、内侧三角韧带和下胫腓联合韧带。其中，外侧韧带由距腓前韧带、跟腓韧带和距腓后韧带组成；下胫腓联合韧带由下胫腓前韧带、下胫腓后韧带、骨间韧带和胫腓横韧带组成。

（1）拉伸：踝关节韧带受到过度拉伸时，超过其弹性极限，可能导致韧带的伸长和变形。这种过度拉伸可能会导致韧带组织的结构性损伤，包括韧带纤维的拉伸和变形。

（2）撕裂：在更为严重的情况下，踝关节韧带的拉伸可能导致韧带组织的撕裂。这种撕裂通常发生在韧带纤维之间或与骨骼结合的韧带部位。

3. 踝关节韧带损伤的康复评估与治疗

（1）关节活动范围的评定：主要是判断伤后关节活动受限程度以及康复治疗以后关节活动功能的改善情况。

（2）肌力评定：通常利用徒手肌力测试法评价伤员的股四头肌、小腿三头肌（比目鱼肌和腓肠肌）、胫骨前肌和踝内外翻肌肉等的力量素质。

（3）肢体围度测量：主要用以了解伤员肢体肿胀的情况。

（4）疼痛评定：通常应用 VAS 评分法评价伤员的疼痛情况及治疗后的改善情况。

（5）平衡功能和踝关节的本体感觉功能：常在伤后 1～2 周内完成，需要注意的是过早进行此项评估可能结果并不准确。

（6）特殊检查前抽屉试验：检查者一手固定伤员的胫骨远端，另一手握住足的根部，向前方用力试图让距骨向前移位，出现较大的向前移位（>5mm）者为前抽屉试验的阳性，提示前距腓韧带损伤或撕裂，检查时需以健侧为参照。

（7）距骨倾斜检查：检查者一手固定胫骨远端，另一手握住足跟部内翻距骨，若检查者感觉胫距关节外侧分离较大或引出剧烈疼痛则为阳性，提示跟腓韧带撕裂或断裂，检查时需以健侧为参照。

（8）外旋加压试验：检查者一手固定胫骨远端，另一手握住足部，让其外旋并适当加压，若引出剧烈疼痛或超过正常活动范围则为阳性，提示后距腓韧带损伤或撕裂，检查时需以健侧为参照。

（9）被动外翻测试：嘱伤员下肢放松，检查者被动外翻踝关节，若引出内踝处剧烈疼痛或外翻活动超过正常范围则为阳性，提示内侧三角韧带损伤或撕裂，检查时需以健侧为参照。

（10）腓肠肌挤压试验：伤员俯卧，两足伸出床边以外，检查者用手挤压伤员的腓肠肌，正常情况下可引起足跖屈；若未出现，则提示伤员存在跟腱断裂，检查时需以健侧为参照。

（11）Tinel 征：叩击神经损伤的部位或其远侧，若出现其支配皮区的放电样麻痛感或蚁走感，可以反映伤员的神经再生水平或提示神经损害的部位。

（12）跟腱反射：伤员俯卧，检查者以叩诊锤叩击跟腱，正常反应为腓肠肌立即收缩。若反应迟钝或难以引出，则为阳性，提示伤员可能存在运动神经的损伤。

注意：上述检查应当建立在医务人员详细了解伤员受伤过程的前提下，再进行有针对性的测试和检查，这样可以减轻伤员的痛苦和节省诊疗时间。

（13）影像检查：通常 X 射线检查主要用来排除踝关节出现的骨折等情况，MRI 成像则可以明确踝关节韧带损伤的部位等。

相应康复治疗方法如下：

（1）伤后即刻：减少或停止伤处的关节活动，用弹力绷带加压包扎，抬高伤肢并适当冰敷，可以进行适当的负荷训练，包括早期踝关节无痛范围内的活动和适当负重。

（2）伤后 24 小时：早期进行功能性的治疗，主要包括踝关节的活动、力量训练、拉伸练习和本体感觉训练，可以考虑温热疗法加速局部淤血消除和促进血液循环、消肿、镇痛和舒筋活络等，也可以用短波进行深层组织的消炎，还可以进行运动功能性贴扎等。

（3）1～2 周以后：除上述治疗内容以外，应当考虑进行平衡和本体感觉的进阶训练和强化训练，重视踝关节力量训练，可以逐步开展运动专项的训练，以便运动员能够快速恢复伤前的运动表现和重返赛场。

（4）其他治疗：

① 监测：若踝关节三级扭伤或出现持续性的疼痛，为了明确伤处是否存在骨折或撕脱性的损伤，可用 X 射线检查鉴别。

② 药物：非甾体抗炎药可以缓解疼痛并且能够让运动员尽早活动，也可以单独或联合选用镇痛类的药物。

③ 手术：对于高水平运动员出现反复发作史或踝关节韧带完全性断裂者则可以考虑韧带加固或韧带重建术，术后伤员的踝关节应当进行石膏固定 6 周，固定期间也可以进行适当的功能训练。

4. 数字化技术在踝关节韧带损伤预防中的应用

（1）运动数据监测和分析：通过使用传感器和可穿戴设备，可以实时监测和记录踝关节运动数据，如角度、速度和力量等。这些数据可以通过应用程序进行分析，帮助识别潜在的损伤风险因素，并提供个性化的预防建议。

（2）运动技术指导：数字化平台可以提供踝关节运动技术指导和反馈，帮助改善姿势、提高运动控制和动作质量。通过实时视觉反馈、虚拟教练或仿真技术，用户可以了解自己的运动技术错误，并采取适当的措施来降低踝关节损伤的风险。

（3）个性化训练计划：基于个体的运动数据和特征，数字化平台可以生成定制化的训练计划。这些计划将根据个体的强度、柔韧性和平衡能力水平，提供适应性锻炼建议和防护措施，以预防踝关节损伤。

（4）数据驱动康复：在踝关节损伤发生后，数字化技术可用于监测和指导康复过程。医疗专业人员可以利用运动数据和远程监控功能，评估康复进展，并为康复计划提供个性化的调整建议。

五、膝关节损伤

数字化预防方法为膝关节损伤提供了新的可能性。通过运动数据监测和分析、运动技术指导、个性化训练计划和数据驱动的康复，可以帮助降低膝关节损伤的风险，并提供个性化的预防措施，以保护膝关节的稳定性和功能。

膝关节是人体中最大的关节之一，也是容易受伤的关节之一。膝关节损伤包括韧带拉伤、半月板撕裂、软骨磨损和骨折等。数字化预防方法可以利用数字化技术和数据分析，通过监测和分析膝关节的运动数据，提供个性化的预防策略，降低膝关节损伤的风险。

运动参与者的膝关节韧带损伤可以是单一的，也可以是联合多个的损伤。前交叉韧带的损伤常因受到膝扭转力而引起，可能是在关节内旋、伸直过度、屈曲过度或是在外旋和足外翻情况下出现。内侧副韧带的损伤多是非接触性的创伤和屈膝位外旋过度而引起，是膝关节最易受伤的韧带。后交叉韧带的损伤多是受到某种向后的冲击力而引起的，如足球的铲球动作等。外侧副韧带的损伤通常是膝的过伸合并内翻动作引起。其中，内侧副韧带和半月板的损伤是膝关节所有的损伤中最为常见的。

1.膝关节损伤的产生原因

膝关节韧带损伤的产生原因多种多样，主要包括以下几个方面：

（1）运动外力：膝关节常受到外力的冲击和扭曲，如剧烈运动、不稳定的着陆、突然改变方向等。这些因素可能导致膝关节韧带的过度拉伸、半月板的撕裂或软骨受损，进而引发膝关节损伤。

（2）过度使用：长时间的重复运动和过度使用膝关节，特别是在缺乏适当休息和康复的情况下，容易导致膝关节软骨和组织的损伤。

（3）不良姿势和运动控制：不正确的运动姿势、技术不熟练或运动控制失调会使膝关节处于不稳定状态，增加膝关节损伤的风险。缺乏足够的力量、柔韧性和平衡能力会导致膝关节在运动中易受伤。

2. 膝关节损伤的产生机制

膝关节损伤的产生机制涉及韧带、半月板和软骨的损伤。

（1）韧带损伤：膝关节主要由四条韧带（前交叉韧带、后交叉韧带、内侧副韧带和外侧副韧带）提供稳定性。韧带损伤通常是由于过度拉伸或扭曲造成的，可能导致韧带的部分或完全撕裂。

（2）半月板损伤：半月板位于膝关节骨之间，有助于减震和稳定膝关节。剧烈扭转或受到外力冲击时，半月板可能被损伤，造成撕裂或脱位。

（3）软骨损伤：膝关节的软骨负责保护骨头表面，使骨头能够平滑移动。过度冲击、挤压或磨损会导致软骨受损，甚至出现软骨损伤、磨损或软骨下骨折。

3. 膝关节损伤的康复评估与治疗

（1）关节活动范围评定：主要是判断伤后关节活动的受限程度以及康复治疗以后关节活动功能的改善情况。

（2）肌力评定：通常利用徒手肌力测试法评价伤员的股四头肌、小腿三头肌、胫骨前肌和踝内外翻肌肉等的力量素质。

（3）肢体围度测量：主要是用以了解伤员肢体肿胀情况。

（4）疼痛评定：应用视觉模拟评分法评价伤员的疼痛情况。

（5）平衡功能和膝关节的本体感觉功能：通常在伤后1～2周内进行，需要注意的是，过早进行此项评估可能结果并不准确。

（6）特殊检查：膝关节损伤进行稳定性试验对于判定何种韧带损伤与稳定程度是必不可少的，进行膝关节稳定性试验时，通常要求伤员的肌肉放松，同时检查伤侧和正常侧两侧的情况，并作两侧的对比与分析，方可得出正确合理的检查结论。膝关节的特殊试验常用的是：前抽屉试验、后抽屉试验、外翻试验、内翻试验、回旋挤压试验、研磨试验和膝腱反射等。下面将具体介绍上述试验的动作要领、阳性表现和损伤判定：

① 前抽屉试验：伤员仰卧位，屈髋屈膝 70°～90°，检查者坐于伤员足背，固定足的位置，双手放在膝关节后方，拇指放在前侧，重复向前拉小腿近端，胫骨在股骨上向前移动过于明显则为阳性，提示伤员可能存在前交叉韧带部分或完全断裂。

② 后抽屉试验：伤员仰卧位，屈髋屈膝 70°～90°，检查者坐于伤员足背，固定足的位置，双手放在膝关节前方，拇指放在前侧，重复向后推小腿近端，胫骨在股骨上向后移动过于明显则为阳性，提示伤员可能存在后交叉韧带部分或完全断裂。

③ 外翻试验：伤员仰卧，膝关节伸直或屈曲 30°位，检查者一手固定踝部，另一手置于膝关节的外侧，被动外翻膝关节。正常情况应无侧方活动和疼痛，如伤员存在内侧副韧带完全或部分撕裂，则出现胫骨向外活动过度和内侧疼痛，若仅为扭伤则出现内侧疼痛。

④ 内翻试验：测试动作恰与外翻实验相反，正常情况是应无侧方活动和疼痛，如伤员存在外侧副韧带完全或部分撕裂，则出现胫骨向内活动过度和外侧疼痛，若仅为扭伤则出现外侧疼痛。

⑤ 研磨试验：要求伤员俯卧位，膝关节屈曲约 90°。检查者将膝部放于伤员大腿后侧以固定大腿，两手持握足踝部，向下挤压，并向外、向内侧旋转，如引出膝关节的疼痛则为阳性，提示伤员可能存在膝关节半月板的损伤。而后向上提拉，并向外、向内侧旋转，如引出膝关节的疼痛则为阳性，提示伤员可能存在膝关节的交叉韧带损伤。

⑥ 回旋挤压试验：伤员仰卧，髋和膝关节充分屈曲，检查者一手握膝部，以稳定大腿及注意膝关节内的感觉，另一手握足部让下肢进行充分外展内旋和内收外旋，再伸直膝关节。若内收、外旋引出响声或疼痛，提示伤员可能存在内侧半月板损伤；若外展、内旋引出响声或疼痛，则提示伤员可能存在外侧半月板损伤。

⑦ 膝腱反射：伤员坐位，双侧下肢离地放松，检查者用橡皮锤或手掌内

侧边缘快速地叩击伤员的髌韧带，注意观察小腿的伸膝反应。若反应迟钝或难以引出，则为阳性，提示伤员可能存在运动神经的损伤。

（7）影像检查：通常 X 射线摄片对于膝关节严重损伤的伤员十分必要，可以用来排除骨折或脱位的问题，或是观察关节软骨下的病理改变情况。复杂的情况下进行 MRI 检查可以提示膝关节韧带损伤的部位和程度等重要信息。

相应治疗方法如下：

（1）非手术治疗：伤后即刻应当停止活动，适当冰敷，加压包扎和抬高伤肢以减少出血和镇痛消炎。膝关节周围肌肉的功能性训练应当在伤情允许的情况下尽早开始，通常包括主动活动和较小负荷的阻力训练等。伤员在愈合以后恢复运动应当配备合适有效的防护器具。保守治疗效果不佳或难以达到伤员运动所需者应当考虑手术治疗。后期治疗过程中可以进行热敷、超声、高频电疗和磁疗等理疗以促进损伤组织的愈合。此外，应当重视伤员的干扰性训练，主要包括应用不稳定力量以增加损伤膝关节的神经肌肉运动控制、反应能力和动态稳定性等。其训练目标是让伤员膝关节的肌肉系统对作用于它的任何力量做出快速的反应，从而让膝关节获得保护性的神经肌肉反应。

（2）手术治疗：手术过程应当遵守解剖原则，术后即刻进行被动关节活动，允许关节进行早期的活动，这样可以最大限度地保持膝关节功能和避免组织过度粘连。手术成功的关键在于移植物的长度合适和固定牢固。随着现代医学技术的不断进步，膝关节韧带损伤的手术治疗多采用关节镜下的韧带重建或修复术，此方法具有对伤员关节的伤害较小、术后伤口愈合较快和伤口感染风险较小等优势。

值得注意的是，在膝关节韧带损伤康复治疗的过程中，应当重视和增加膝关节本体感觉和平衡功能的训练，这样可以预防膝关节的再次损伤和提高运动参与者的运动技术水平等。

4.膝关节损伤的数字化预防

（1）运动数据监测和分析：通过使用传感器和可穿戴设备，可以实时监测和记录膝关节的运动数据，如角度、力量和活动范围等。这些数据可以通过应用程序进行分析，帮助识别潜在的损伤风险因素，并提供个性化的预防建议。

（2）运动技术指导：数字化平台可以提供膝关节运动技术指导和反馈，帮助改善姿势、提高运动控制和动作质量。通过实时视觉反馈、虚拟教练或仿真技术，用户可以了解自己的运动技术错误，并采取适当的措施来降低膝关节损伤的风险。

（3）个性化训练计划：基于个体的运动数据和特征，数字化平台可以生成定制化的训练计划。这些计划将根据个体的强度、柔韧性和平衡能力水平，提供适应性锻炼建议和防护措施，以预防膝关节损伤。

（4）数据驱动康复：在膝关节损伤发生后，数字化技术可用于监测和指导康复过程。医疗专业人员可以利用运动数据和远程监控功能，评估康复进展，并为康复计划提供个性化的调整建议。

六、肘关节韧带损伤

任何让腕关节屈肌群及前臂旋前圆肌突然猛烈收缩与过度牵拉，或肘关节突然外展与过伸的活动，都有可能引起肘内侧屈肌及旋前圆肌或尺侧副韧带及关节囊的损伤。肘关节的韧带损伤一般多见于投掷和举重等运动项目。

肘关节韧带损伤是指肘关节韧带的部分或完全撕裂或损伤，它是肘关节损伤中较为常见的一种类型。数字化预防方法可以利用数字化技术和数据分析，监测和分析肘关节的运动情况，提供个性化的预防策略和指导，从而降低肘关节韧带损伤的风险。

1.肘关节韧带损伤产生原因

肘关节韧带损伤的产生可以由多种因素引起，包括以下几个常见原因：

（1）运动外力：肘关节常常承受外力的冲击和扭曲，如剧烈运动、跌倒、摔跤、投掷等。这些力量可能会超过韧带的承受范围，导致韧带损伤。

（2）反复应力：持续的重复运动、过度使用肘关节，特别是在缺乏适当休息和康复的情况下，容易导致韧带的疲劳和损伤。

（3）不良姿势和技术：不正确的运动姿势、技术不熟练或运动控制失衡可能会增加肘关节韧带损伤的风险。缺乏适当的力量、柔韧性和平衡能力可能会导致肘关节在运动过程中容易受伤。

2. 肘关节韧带损伤产生机制

肘关节是由肱尺关节、肱桡关节和桡尺近侧关节构成的复合关节，关节的内、外两侧有副韧带加固。临床工作中发现，肘关节的尺侧副韧带损伤较为常见，同时，通常合并其他软组织，如关节囊、屈指肌、屈腕肌和旋前圆肌及其附着点的拉伤、扭伤和撕裂伤，偶有合并肱骨内上髁的撕脱性骨折。

（1）韧带拉伸或撕裂：当肘关节受到外力冲击或扭曲时，韧带可能会超过其正常范围的力量，导致韧带的拉伸或撕裂。常见的易损伤韧带包括内侧韧带（尺侧韧带）和外侧韧带（尺骨侧副韧带）。

（2）韧带疲劳性损伤：在长时间的重复应力作用下，肘关节韧带可能会逐渐受到疲劳损伤，导致韧带松弛或部分撕裂。

3. 肘关节韧带损伤的康复评估与治疗

（1）关节活动范围评定：主要是判断伤后肘关节活动的受限程度以及康复治疗以后关节活动功能的改善情况。

（2）肌力评定：通常利用徒手肌力测试法评价伤员的肱二头肌、肱三头肌、三角肌、屈腕肌和前臂旋前、旋后肌肉等肌肉的力量素质。

（3）肢体围度测量：主要用以了解伤员肘关节肿胀情况。

（4）疼痛评定：应用视觉模拟评分法评价伤员的疼痛程度。

（5）肘关节的协调和灵敏功能：通常在伤后1～2周内进行，需要注意的是，过早进行此项评估可能结果并不准确。

（6）特殊检查：下面将要具体介绍肘关节各项试验的动作要领、阳性表现和损伤判定。

① 外翻试验：伤员端坐或立位，检查者用一只手稳定肘部，另一只手握住伤员腕部，检查者在前臂远端施加外展力或外翻力来检测肘关节内侧副韧带，重复多次，观察伤员是否存在肘关节内侧副韧带的疼痛、不稳定或关节

活动范围的异常，若存在即为阳性，提示伤员可能存在内侧副韧带的损伤或断裂。

②内翻试验：测试动作与外翻试验恰好相反，观察伤员是否存在肘关节外侧副韧带的疼痛、不稳定或关节活动度的异常，若存在即为阳性，提示伤员存在外侧副韧带的损伤或断裂。

③尺神经屈曲试验：伤员端坐或立位，检查者站立在伤员的面前观察并与伤员交流，本试验无需检查者与伤员的肢体接触，要求伤员进行肩的外展、腕的充分背屈和肘部屈曲，并保持此姿势3～5min。若伤员出现前臂和手部尺神经分布区的刺痛或感觉异常则为阳性，提示伤员的尺神经存在激惹现象。

④肱二头肌反射：伤员坐位或卧位，身体放松，检查者用手托住其肘部和前臂，再以拇指轻置于伤员肘部的肱二头肌肌腱上，用叩诊锤叩击检查者的拇指。正常情况下会立即引起前臂屈曲，若反应亢进、减弱或消失，均为肱二头肌反射异常，提示伤员可能存在肌皮神经或肱二头肌的功能问题。

⑤肱三头肌反射：伤员坐位或卧位，身体放松，检查者用手托住其肘部和前臂，再以拇指轻置于伤员肘部的肱三头肌肌腱上，用叩诊锤叩击检查者的拇指。正常立即引起前臂伸展，若反应亢进、减弱或消失，均为肱三头肌反射异常，提示伤员可能存在桡神经或肱三头肌的功能问题。

⑥神经紧张试验：主要包括尺神经、桡神经和正中神经的牵张试验，若伤员试验时存在麻木、疼痛等异常感觉，提示此神经存在激惹现象。

（7）影像检查：X射线摄片可以排除肘关节周围存在的骨折或脱位的问题。复杂的情况下进行MRI检查，可以敏感提示肘关节韧带损伤或关节囊损伤的部位和程度等重要信息。

相关康复治疗方法如下：

（1）治疗原则：康复治疗的原则主要是利用各种有效的方法进行止血、镇痛、消肿和促进损伤的组织愈合，同时，需要加强肘关节周围肌肉力量和关节稳定性的训练。

（2）治疗方法：急性损伤以后损伤局部立即冷敷，然后利用弹力绷带加压包扎，并于屈肘90°位固定。伤后24小时起可以进行热敷、红外线照射和短波电疗等理疗，如果必要，可用普鲁卡因与强的松混合液进行痛点注射，同时建议伤后 24 小时开展肘关节的主动活动。

肘关节急性损伤期间慎用推拿按摩治疗，另外，损伤局部的被动活动不宜剧烈和过度。恢复期可以逐渐加强肘关节周围肌肉力量和关节稳定性的训练。

4. 数字化技术在肘关节韧带损伤预防中的应用

数字化技术可用于肘关节韧带损伤的预防和管理，提供个性化的预防措施和指导。

（1）运动数据监测和分析：通过使用传感器和可穿戴设备，可以实时监测和记录肘关节的运动数据，如角度、力量和运动范围等。这些数据可以通过应用程序进行分析，帮助识别潜在的损伤风险因素，并提供个性化的预防建议。

（2）运动技术指导：数字化平台可以提供肘关节运动技术的指导和反馈，帮助改善姿势、提高运动控制和动作质量。通过实时视觉反馈、虚拟教练或仿真技术，用户可以了解自己的运动技术问题，并采取适当的措施来降低肘关节韧带损伤的风险。

（3）个性化训练计划：基于个体的运动数据和特征，数字化平台可以生成定制化的训练计划。这些计划将根据个体的强度、柔韧性和平衡能力水平，提供适应性锻炼建议和防护措施，以预防肘关节韧带损伤。

七、滑囊炎

数字化预防方法可以作为辅助手段，但仍需要结合其他预防策略，如适当锻炼、合理安排工作和休息时间、维持健康的体重等，以全面预防滑囊炎的发生。

1. 滑囊炎的定义

滑囊炎即滑囊在外伤及长期压迫、挤压、碰撞或过分摩擦等机械性刺激下，滑囊壁发生充血、水肿、渗出、肥厚、粘连等无菌性炎症反应，通常表现为局部红肿、轻微疼痛或无疼痛。若为急性创伤性出血性滑囊炎或脓毒性滑囊炎，可能出现明显疼痛和压痛。滑囊是位于关节周围的液滑囊状结构，其主要功能是减少关节摩擦并缓冲关节的冲击。滑囊炎可以导致滑囊组织的肿胀、疼痛、功能受限等症状。

人体中已知的滑囊有150多个，是由内皮细胞组成的封闭性囊状结构，可见于全身骨突与肌腱或肌肉、皮肤之间，摩擦力或压力较大的地方，少数与关节相通。其内壁为滑膜，能产生少量滑液，具有增加润滑，减少摩擦，减轻压力，促进灵活运动的功能。

滑囊炎在男性和女性人群中的发病率相当。鹅足滑囊炎和转子滑囊炎好发于女性。滑囊炎的发病率还与职业相关，比如男性罹患尺骨鹰嘴滑囊炎的比率高于女性，是由于从事体力劳动的多为男性。老年人长期患有骨关节炎或其他慢性疾病，滑囊炎患病的风险更高。免疫功能低下的人群，如糖尿病患者、某些风湿病患者、酗酒者或HIV感染者患脓毒性滑囊炎的风险更大。

2. 滑囊炎产生的原因

滑囊炎是骨科常见疾病，以慢性滑囊炎为多，常与职业有关，其病因包括过度使用性损伤等。滑囊炎最常见的病因是长期压力，即滑囊受累于硬质表面与骨突起之间的压力。重复运动可刺激滑囊并导致滑囊炎。创伤导致滑囊受到撞击或挤压形成创伤性滑囊炎，可由感染引起脓毒性滑囊炎风险，可通过血液传播，大部分由金黄色葡萄球菌引起。自身免疫性疾病、全身性炎症状态以及关节病，包括类风湿性关节炎、骨关节炎、系统性红斑狼疮、脊柱关节病和痛风也可引起滑囊炎。此外，滑囊炎可以是特发性的，如感染性滑囊炎，可以通过侵入性操作诱发，其还可能与肿瘤有关。

（1）过度使用：频繁的重复运动或长时间的固定姿势，如重复性手臂摆动、蹲跳、长时间保持下蹲姿势等，会引起滑囊受力过度，导致炎症反应。

（2）创伤：关节外部的创伤，如直接撞击、扭伤等，会导致滑囊组织受损，并引发炎症反应。

（3）感染：滑囊炎也可能由细菌、病毒或其他致病微生物感染引起。

（4）关节炎：滑囊炎还可能是其他关节疾病（如类风湿性关节炎、骨关节炎等）的并发症。

3.滑囊炎产生的机制

滑囊炎的发生机制涉及炎症反应和组织损伤。当滑囊受到刺激或损伤时，机体的免疫系统将释放炎症介质，如白细胞、细胞因子等，导致血管扩张、渗出和炎细胞浸润。这些炎症反应会引起滑囊组织的肿胀、红肿、疼痛等症状，并进一步损害滑囊的正常结构和功能。

滑囊炎的康复机制在于消除滑囊肿胀和疼痛。滑囊本身是一个存在于结缔组织间的囊状间隙，由于各种因素导致滑囊受到刺激，出现肿胀或炎症，当发炎的滑囊受到骨、肌肉、肌腱、韧带或皮肤压迫时，患者会感到疼痛。通过各种康复手段，可以缓解疼痛等。经过长期的运动康复，可以增强稳定性，减少对滑囊的反复压迫和摩擦。

4.滑囊炎的康复评估与治疗

（1）病史询问和症状评估：医生或康复专业人员会向患者详细询问病史，了解滑囊炎的发生情况和可能的原因，同时评估关节周围的症状，包括疼痛的程度、肿胀、活动受限和关节稳定性等。

（2）身体检查：医生或康复专业人员会进行详细的身体检查，包括观察受影响区域的外观、触摸检查以评估疼痛和肿胀程度，以及评估关节的活动范围和功能。

（3）功能评估：对于滑囊炎影响的关节，可能需要进行功能评估，包括力量测试、平衡测试和关节稳定性测试等，以评估受影响关节的功能障碍程度。

（4）影像学检查：有时可能需要进行 X 射线、MRI 或超声波等影像学检查，以评估滑囊炎的程度和判断是否存在其他相关损伤。

相关治疗方法如下：

（1）休息和避免加重炎症：初期的治疗重点是休息患有滑囊炎的区域，并避免引起炎症加重的活动。如果可能的话，使用支撑性器具或绷带来稳定关节。

（2）冷敷和热敷：冷敷可以帮助减轻炎症和肿胀，可以使用冰袋或冰敷物来进行冷敷。而热敷则有助于舒缓痛感和促进血液循环，可以使用热水袋或热敷布进行热敷。

（3）疼痛管理：根据需要可以使用非处方镇痛药物（如布洛芬）来缓解疼痛，但应在医生指导下使用。

（4）物理治疗：物理治疗师可能会使用各种方法来帮助滑囊炎的康复，包括热敷、冷敷、按摩、牵引和康复锻炼。康复锻炼包括强化和伸展受影响肌肉及关节周围的肌肉，以改善关节的稳定性和功能。

（5）抗炎物理治疗：一些物理治疗方法如超声波、电疗、激光疗法等可以帮助减轻炎症和促进组织修复。

（6）注射治疗：在一些情况下，医生可能会考虑使用关节注射或滑囊注射来减轻炎症和疼痛。常用的注射物包括类固醇抗炎药、透明质酸和血小板富浓缩物等。

5.数字化技术在滑囊炎预防中的应用

（1）姿势监测和提醒：利用传感器、监测设备等技术，实时检测和监测人体姿势及运动状态，通过提醒和反馈，帮助人们调整和改善不良姿势，减少滑囊炎的发生风险。

（2）运动监测和指导：借助智能手环、运动跟踪器等设备，监测个体的运动情况，并提供运动指导和建议，避免过度运动或错误运动姿势，预防滑囊炎的发生。

（3）个体化康复方案：基于人体运动数据和个体特征，利用人工智能和大数据分析技术，为患者提供个体化的康复方案，包括运动训练、疼痛管理等，帮助患者减轻症状并恢复功能。

（4）教育和宣传：利用数字化平台和社交媒体，向大众普及滑囊炎的预防知识和注意事项，提高人们的健康意识，促进滑囊炎的数字化预防工作。

（5）影像学检查：使用肌肉骨骼系统超声检查。肌骨超声对软组织细微结构显示优于 MRI 和 CT，并且其具有无创、便捷、廉价及短期内可重复检查等优点，尤其是能够实时、动态地观察肌腱和肌肉的运动，主要检查滑囊及腱鞘是否有炎症、关节腔内是否有积液等改变；核磁共振以及 CT 检查，这两种检查方法能够更直观地显示损伤部位处软组织与骨骼的情况，如是否存在压迫神经、血管的情况，是否存在血肿或韧带肌腱损伤，多用于检查急性滑膜炎或创伤性滑膜炎。

八、腱鞘炎

腱鞘炎是一种由慢性劳损引起的无菌性炎症。腱鞘是由两层结缔组织膜构成的长管，套在肌腱上，当肌肉收缩时，肌腱就紧张起来，有腱鞘保护可以减少肌腱通过深筋膜等部位的摩擦。近年来，随着手机功能的丰富多样，日常生活中低头频繁点击手机的动作成了腱鞘炎的诱因。数字化预防方法虽可作为综合预防策略的一部分，患者仍需要合理安排活动、适度休息、避免过度使用等综合措施，以降低腱鞘炎的发生风险。同时，数字化预防方法也需要进一步的研究和实践验证，以确保其有效性和安全性。

1.腱鞘炎的定义

腱鞘炎是指腱鞘组织发生炎症和病变的一种疾病。腱鞘包裹着肌腱，使之顺利在关节中移动。腱鞘炎可以导致腱鞘组织的肿胀、疼痛、活动受限等症状。腱鞘炎是由于肌肉长时间的反复收缩，使肌腱与腱鞘发生过度摩擦，而引起腱鞘水肿、增生等无菌性炎症。患者大多有过多的慢性损伤病史，肌腱长期与周围韧带、骨突、纤维等组织发生摩擦，在指、趾及肩部均可发生，尤以腕部和指部最常见。病变后可出现骨质增生、滑膜炎等疾病，主要临床表现为疼痛，并可向腕部、前臂等处放射；常有明显压痛感，并可触及米粒状结节，病程长者还可出现摩擦音或弹响，导致关节畸形或功能障碍，严重影响患者的日常生活。

2.腱鞘炎产生原因

（1）中医学因素：腱鞘炎属于中医学"筋结""筋痹"等范畴，多因内在气血运行失调、外邪侵袭所致，精血失于输布而导致筋失濡养，不荣则痛。

（2）手腕部解剖学因素：掌骨头掌侧的两个籽骨和其表面横行的鞘状韧带共同形成狭窄的隧道，拇长屈肌腱行于其中，长期摩擦可导致拇长屈肌腱鞘炎。桡骨茎突部腱鞘位于由腕背侧韧带和桡骨茎突上骨凹构成的管道内，由于拇短伸肌和拇长展肌在腕背伸、桡偏时，两个肌腱的活动方向不完全一致，在鞘内摩擦，久而久之导致腱鞘炎。深屈肌与指浅屈肌两肌腱行至掌骨颈时，挤入由骨和韧带包裹的纤维鞘，指屈伸时两肌腱相互摩擦，久而久之即引起腱鞘炎，又称"扳机指"。

（3）社会角色因素：产后腱鞘炎发病率也较高，因为孕期妇女体内的激素发生改变，造成腱鞘容易充血、水肿；家庭主妇等需频繁进行家务活动，因手指、腕部长期的反复使用，易患腱鞘炎。因职业要求需经常使用手腕、手指的人群，如举重运动员、钢琴演奏者等，同样容易导致肌腱劳损，出现炎症。

（4）过度使用：反复或过度使用某个关节或肌腱，如长时间使用计算机键盘、频繁重复手指动作等，会导致腱鞘受到过度刺激，引发炎症反应。

（5）姿势不当：保持不良姿势，如手腕弯曲或过度伸展、脚尖过度内翻等，会增加腱鞘与肌腱的摩擦，导致腱鞘炎的发生。

（6）创伤：外部创伤，如扭伤、撞击等，可以损伤腱鞘组织，引起炎症反应。

（7）长时间的挤压：肌腱处于长时间挤压状态，如佩戴紧身包、握持工具过紧等，会造成腱鞘炎的风险增加。

3. 腱鞘炎产生机制

腱鞘炎的发生机制涉及炎症反应和组织损伤。当腱鞘受到刺激、损伤或过度使用时，机体的免疫系统会释放炎症介质，如白细胞、细胞因子等，导致血管扩张、渗出和炎细胞浸润。这些炎症反应会引起腱鞘组织的肿胀、红肿、疼痛等症状，并进一步损害腱鞘的正常结构和功能。

腱鞘炎的运动康复机理主要在于消除炎症、水肿，恢复正常的关节活动度和增强腕关节肌肉力量。正确的运动疗法不仅可以促进血液循环，消除肿胀，消除炎症，而且还能增强神经对肌肉的控制，增强腕和手部肌力及稳定性。

4.腱鞘炎的康复评估与治疗

（1）病史询问和症状评估：医生或康复专业人员会向患者详细询问病史，了解腱鞘炎的发生情况和可能的原因。同时评估患者的症状，包括疼痛的程度、位置、肿胀和活动受限等。

（2）身体检查：医生或康复专业人员会进行详细的身体检查，包括观察受影响区域的外观，进行触摸检查以评估疼痛点和肿胀情况，并评估相关肌肉和关节的活动范围及力量。

（3）功能评估：对于受影响的肌腱和关节，可能需要进行功能评估，包括活动范围、力量测试和功能性活动测试等，以评估受影响肌肉和关节的功能障碍程度。

（4）影像学检查：有时可能需要进行 X 射线、MRI 或超声波等影像学检查，以评估腱鞘炎的程度，判断是否存在其他相关损伤，并排除其他病因。

相关治疗方法如下：

（1）休息和保护：初始治疗重点是休息受影响的肌腱和关节，并避免引起炎症加重的活动。可能需要使用支撑性器具或绷带来稳定关节。

（2）冷敷和热敷：冷敷可以帮助减轻炎症和肿胀，可以使用冰袋或冰敷物进行冷敷。而热敷则有助于舒缓疼痛和促进血液循环，可以使用热水袋或热敷布进行热敷。

（3）疼痛管理：根据需要可以使用非处方镇痛药物（如非甾体抗炎药）来缓解疼痛，但应在医生指导下使用。

（4）物理治疗：物理治疗师可能会使用各种方法来帮助腱鞘炎的康复，包括热敷、冷敷、按摩、牵引和康复锻炼。康复锻炼包括强化受影响肌肉和周围肌肉，伸展受影响肌肉和关节，以改善功能。

（5）改变活动姿势和修正动作：如果腱鞘炎与特定的活动或动作相关，康复专业人员可能会评估患者的活动姿势和动作，提出改变和修正的建议，以减少炎症和压力。

（6）手术治疗：在一些严重的腱鞘炎病例中，可能需要考虑手术治疗，如腱鞘切开、疤痕修复或病变组织清除等手术措施。

5. 数字化技术在腱鞘炎预防中的应用

（1）姿势监测和提醒：利用传感器、监测设备等技术，实时监测人体姿势和运动状态，提醒使用者调整姿势，避免过度伸展、扭曲等不良姿势，降低腱鞘炎的发生风险。

（2）动作指导和调整：借助智能手机应用、运动辅助设备等，为用户提供正确的运动姿势指导和调整建议，帮助减少腱鞘受力，预防腱鞘炎的发生。

（3）运动监测和分析：使用智能手环、运动跟踪器等设备持续监测用户的运动情况，分析运动负荷和运动模式，提供合理的运动建议，避免过度使用和损伤腱鞘。

（4）康复辅助：通过数字化康复平台，为腱鞘炎患者提供个性化的康复方案，包括疼痛管理、运动锻炼、按摩指导等，促进康复和预防复发。

（5）超声波疗法：超声波疗法可用于治疗多种肌肉骨骼损伤，提高组织的延展性，缓解疼痛。临床上超声波具有改善组织营养、促进炎症吸收、镇痛、软化瘢痕等作用。超声波一般有 1MHz 和 3MHz 两种频率规格之分，一般 3MHz 频率的超声用于治疗拇指腱鞘炎。超声波治疗需要设置不同的参数。目前并没有统一的参数标准用于治疗拇指腱鞘炎，参数的设定更多应取决于治疗师的治疗目标。酮洛芬透入疗法结合拇指夹板固定和受指导进行的伸展运动是一种安全的有效治疗怀孕期间拇指腱鞘炎的方法。酮洛芬透入疗法在减少疼痛、消炎和改善功能方面增强了超声波的治疗效果。对于超声波疗法以及衍生出的透入疗法，其操作的技术尤为重要，操作过程中应把握声头的位置以及移动速度等。